たとえ明日終わったとしても「やり残したことはない」と思える人生にする

ing Academia代表
杉村貴子

日本実業出版社

たとえ明日終わったとしても
「やり残したことはない」
と思える人生にする

はじめに

これから、この本を読み進める前に、まずは想像してみてください。

あなたは今、病院のベッドの真っ白なシーツに横たわっています。数か月前に「不治の病」と診断され、余命宣告を受けました。治療の見込みはなく、もはや命を長らえることはできません。

窓の外では、あなたが元気なときと同じように、喧騒《けんそう》のなか、人々の日常が繰り広げられています。でも、もうそこには戻れません。あなたの人生最後の瞬間は、確実に近づいています。

――そのようなときに、あなたがこれまでの人生で**「やり残した」**と感じるのは、どのようなことでしょうか？

◆◆◆

自分の死など想像したくもない。そう思う方もいるかもしれません。しかし、だれでもいつかは最後の日を迎えて、この世を去っていきます。

子どものころ、ずっと続くと思っていた夏休みがあっという間に終わったように、わたしの人生にもあなたの人生にも、確実に終わりのときはやってきます。

2000年以上前に生きた古代ローマの哲学者、ルキウス・アンナエウス・セネカは人間に与えられた時間を「束《つか》の間の虹」にたとえました。人が生きている時間は、はかない虹のようなものかもしれません。

セネカは「生きることは死に向かう旅にすぎず、人は生まれた瞬間から、日々、死に向かっていくものだ」とも言っています。

人生の旅で歩んできた道のり。その終わりを実感して振り返ってこそ、心の奥底にある想いが浮かびあがってきます。少しだけ時間をとって想像してみてください。

あなたが死ぬとき、「人生でやり残した」と後悔するのは、どのようなことでしょうか？

◆◆◆

いくつかの「やり残したこと」が頭に浮かんだかもしれません。
やり残したと感じるのは「やりたかったのに、行動しなかった」ことでしょう。

「自分の夢を追いかけなかった……」
「知りたかったことをもっと学べばよかった……」
「大切な人ともっと多くの時間をすごせばよかった……」
「おいしいものをもっと食べればよかった……」
「行きたい場所に旅行できなかった……」

「やりたいことに挑戦しなかった……」
「友人に連絡しようと思っていたのにしなかった……」
「あの人に感謝の言葉を伝えていなかった……」
「自分に正直に生きられなかった……」
「我慢してばかりだった……」
「幸せになることをあきらめてしまった……」

じつは、人生では「行動して後悔する」よりも、**「行動しなかったことを後悔する」**ほうが強く心に残る傾向があると言います。

それに関する、ボストン大学の心理学者、リサ・アベンドロス氏が行った実験を紹介します。

アベンドロス氏は、アフリカ旅行から帰ってきた人に、次の2つでどちらが後悔した人が多かったかを調査しました。

A　旅行先でお土産を買ったときの後悔
B　旅行先でお土産を買わなかったときの後悔

結果、海外旅行に行って、「お土産を買わなかった後悔」のほうが、「買った後悔」より1・5倍も大きかったそうです。

海外旅行でお土産を買う、買わないは些細なことかもしれません。人生の最後に残る後悔の無念さとは比べるまでもないでしょう。しかし、そのような些細なことでも「やらなかった後悔」のほうが強く残るのです。

行動しての後悔は、時間とともに忘れていくことも多いものです。チャレンジして失敗したことの後悔などは、やがて笑い話になることさえあります。

一方、行動しなくて後悔したことは心に残り続けます。時間がたつほどに大きくなっていくこともあるでしょう。それが人生の最後に次々と浮かびあがってくるのかもしれません。

「やり残したこと」が多いほど、後悔のある人生になる。できれば、「やり残したことはない」と言える後悔のない人生を送りたい。そう考えるのは〝今〟を生きている人なら当然でしょう。

◆
◆
◆

「やりたいことは次々と出てきてきりがないけれど……、うん。やり残したことはない」

これは2011年に47歳で他界したわたしの夫、杉村太郎が死の直前に絞り出すような声で残した言葉です。

杉村太郎は日本初のキャリアデザインスクール「我究館」の創設者です。もしかしたら大学時代、就職活動の際に『絶対内定』（ダイヤモンド社）を読んだ方もいるかもしれません。太郎が書いた『絶対内定』は1994年の創刊以来、累計発行部数241万部（2022年12月時点）を超え、15年連続で大学生協1位と大学生の就職ガイドブックとしてロングセラーとなっています。

40代以上の方なら、テレビ番組で太郎を見た記憶のある方もいるかもしれません。太郎は、バブル期にサラリーマンデュオ「シャインズ」でCDデビューしたこともあったからです。

太郎は2011年8月、原発不明がんで天に召されました。死の直前に語った言葉「やりたいことは次々と出てきてきりがないけれど……、うん。やり残したことはない」は、わたしの心の中に深い余韻を残しました。

以来、わたしは「やり残したことはない人生」「最後の日を迎えても後悔のない生き方」について、ずっと考えるようになりました。

どうすれば「やり残したことはない」と言える生き方を実践できるのか。探求する課程で出会ったもの——。

それが、ポジティブ心理学の**「ウェルビーイング」**でした。ウェルビーイングとはひと言で言えば、「満たされた幸せな人生」と表現できるかもしれません。

ウェルビーイングについては本編で詳しく紹介しますが、わたしなりの解釈を加えるならば、死を前にしても「やり残したことはない」「自分なりによく生きた」と思える生き方ともとらえることができます。

「幸せ」のかたちが人それぞれであるように、ウェルビーイングな生き方もそれぞれです。単純に「こうすればよい」とは言えません。

しかし、わたしの専門分野であるキャリア理論をベースに、「ポジティブ心理学」と呼ばれる「どうすれば幸せになれるのか」を科学的に研究する心理学の新しい分野を組み合わせることで、だれでもウェルビーイングな生き方を実践することは可能になるのです。

咲く花の色や形は違ったとしても、花を育てるのに「土壌に種をまく」「太陽の光をあてる」「水をやる」といった基本は変わりません。

同じようにウェルビーイングな生き方にも基本的な法則があります。基本的な法則を知っていれば、現状に足りないものに気づくと同時に、それを補うことで自分なりの幸せが実現できるのです。

その法則を**「四つ葉のクローバー理論」**と名づけました。見つけると幸せになるとされる四つ葉のクローバー。その名を冠した理論に則れば、だれでも幸せを見つけ、育てられるのです。

寿命は自分で決められませんが、悔いなく生きることはだれにもできます。残りの人生の長さに関係なく、ウェルビーイングな生き方は年齢に関係なくはじめられるのです。

◆◆◆

この本では、どうすれば、もし明日が人生最後の日だとしても「やり残したことはない」と思えるウェルビーイングな生き方ができるかを解き明かしていきます。

第1章では、ウェルビーイングな人生を送るための「四つ葉のクローバー理論」を紹介します。この理論は、キャリア理論とポジティブ心理学をかけ合わせたものです。人生で大切な4つのことをクローバーの4枚の葉にたとえた、幸せに欠かせない構成要素です。

第2章からは、クローバーの4枚の葉に栄養を与え育て、後悔しない人生を実現するために大切な葉の1枚1枚を詳しく説明していきます。

そして、これからするいくつもの「質問」を、自分ごととしてとらえてもらえれば、あなた自身が大切にしたい価値観や強み、喜びや楽しみ、幸せといった悔いのない人生を生きるために必要なことが見えてくるはずです。

◆ ◆ ◆

ひとりでも多くの方に、かけがえのない人生を自分らしく幸せに生きていただきたい。そう心から思い、この本を書きました。

「伝えたい想いが爪の先から血となって出ていくような感覚でキーボードをたたいている」

これは太郎が著書を執筆する際に言っていた言葉です。キーボードに文字を打ち込む、その後ろ姿はさながら全身全霊を傾け、鍵盤を叩くピアニストのようでした。

わたしも全身全霊を指先に集中しながら、この本を書きました。

みなさまの人生が、より輝くものになることを願い、一文字一文字に魂を込めたつもりです。

どうぞ最後までお付き合いください。

たとえ明日終わったとしても「やり残したことはない」と思える人生にする　目次

第2章

仕事で「やり残したことはない」と思える人生にする

～Labor×PERMA～

第3章

家族や友人たちと「やり残したことはない」と思える人生にする　～Love×PERMA～

第4章

自分の時間で「やり残したことはない」と思える人生にする ～Leisure×PERMA～

第5章　自己成長で「やり残したことはない」と思える人生にする　〜Learning×PERMA〜

ブックデザイン　中井辰也
イラスト　芦野公平
DTP　藤原政則
編集協力　石田章洋
企画協力　ブックオリティ

第1章

たとえ明日終わったとしても「やり残したことはない」と思えるよう生きる

この本でわたしは、あなたと対話しながら、あなたが望む**「自分らしい幸せな人生」**を歩むお手伝いをしていきます。

まずは、わたしからあなたに質問を投げかけます。一瞬でかまいません。答えを考えてみてください。

あなたが思ったことが正解です。どのような答えでも、不正解はありません。だれかに聞かせるわけでもありません。感じるまま、思いつくまま質問に答えてみてください。

そうすれば——

きっと、自分の本音に気づくことができ、自分だけの幸せな人生が見えてくるはずです。

「やるべきこと」以上に、
あなたが「やりたいこと」は
なんですか？

「今日は、あれをやらなくてはならない」
「あの件を今週中に片づけないといけない」
「忘れないうちに、あの人に連絡しなければならない」

わたしたちの毎日は「やるべきこと」「しなければならないこと」の連続です。
ただし、「やるべきこと」ばかりに追われていると、自分らしさ（自分が望んでいる姿や自分が望んでいるあり方）を見失ってしまったり、しんどくなったり、心が疲弊してしまうこともあります。

そのような日常が、本当にあなたの本来あるべき姿なのでしょうか？

わたしは、やるべきことを「doing」、**ありたい姿のことを「being」**と呼んでいます。
「being」が満たされぬまま、「doing」に追われていると「このままでいいのだろうか……」と不安になります。

この不安は、本来のありたい姿から乖離《かいり》してしまっているために湧きあがってくる、内なるメッセージです。

Appleの創業者であるスティーブ・ジョブズは毎朝、鏡に映る自分にこう問いかけていたそうです。

「もし今日が人生最後の日なら、今からやろうとしていることをするだろうか？」

NOが続くようなら、本来の自分を生きていない。ジョブズはそう考えました。

あなたが「やるべきこと」と考えているのは、本当に今、必要なことでしょうか？　生きていくうえでは、「やるべきこと」を行動に移すことも必要です。しかし、それだけで毎日をいっぱいにしないでください。

もし「やるべきこと」で心が押しつぶされそうになったり、しんどく感じていたりしたら、思いきって、それらにあてていた時間の20％～25％を「やりたいこと」や「楽しむこと」に割りあててみてください。

この割合は、ポジティブ心理学の第一人者のひとり、タル・ベン・シャハー博士の著書『ハーバードの人生を変える授業』（大和書房）の中で、20％を価値ある時間（家族とのふれあい・運動・音楽鑑賞など）に使えば、幸福度が高まるとしていることにもとづいており、それにわたしの実践を加えたものです。

20〜25％を、大切なものに目を向ける時間にすることで、本来の「ありたい自分」に立ち戻れるのです。

あなたが今「やらなければならない」と思っていることの中に、「本当はやらなくてもいいのでは……」、もしくは「やらなければならないと思い込んでいるようなもの」はありませんか？

断ればよかったと思っていること、ＮＯと言えずに引き受けてしまったことなどもそうです。

もしあるならば、その時間を減らして生まれた時間を、何かを楽しむ時間や、やりたいことをする時間にあててみてください。それだけでも、本来のありたい自分を実感できるはずです。

「やるべきことを減らす」は、より幸せに生きる具体的な方法のひとつです。
この本では、だれにでもすぐにできる、より幸せに生きるために欠かせないさまざまな考え方や方法をお伝えしていきます。

では、次の質問に移りましょう。

「どうしたら、
幸せになれるか」
について考えてみたことは
ありますか？

「どうしたら、今より幸せになれるのだろう？」

だれでも一度は考えたことがあるのではないでしょうか。

「幸せになりたい」という想いは、古代からわたしたちが追い求めてきた永遠のテーマであり、宗教や哲学もその道を示してきました。

そのなかで近年、世界的に注目されているもの。それが「ウェルビーイング」です。

「ウェルビーイング」とは、より幸せな人生のあり方を意味します。

「幸せ」と言っても、英語の「happiness」と区別して、「**well**（よく）**being**（ある）」状態と表現します。

ただし、「よくある」と日本語で言っても伝わりにくいかもしれません。そこで、わたしが運営しているWell-being Academiaでは、ウェルビーイングを**「より自分らしくある状態」**と説明しています。

いわば、「happiness」は刹那《せつな》の快楽。一方、「ウェルビーイング」は持続的な幸福です。今を満たし、未来にかけてその幸せな状態が続いていくことをめざします。、「やり残したことはない」と思える、充実した人生を送る方法でもあります。

「ウェルビーイング」は、ポジティブ心理学でもっとも重要視されているテーマです。ポジティブ心理学は、米国心理学会の元会長であるマーティン・セリグマン博士によって創設されました。

わたしはセリグマン博士に直接お目にかかって学ぶ機会に恵まれ、セリグマン博士はウェルビーイングを**「心身ともに健康で、社会的にも良好な状態であること」**と位置づけています。

その考えは、世界保健機関（WHO）憲章の原案にある健康の定義と一致しており、ここで引用します。

「健康とは、病気でないとか、弱っていないということではなく、肉体的にも、精神的にも、そして社会的にも、すべてが満たされた状態にあることをいいます」

（公益法人日本ＷＨＯ協会ＨＰ「世界保健機関（ＷＨＯ）憲章とは」より）

この前文で「満たされた状態」と和訳された部分。それが英語の「well-being」です。「ウェルビーイング」とは身体的・精神的・社会的に満たされた状態を言います。ただ、「身体的・精神的・社会的に満たされた状態」と言っても漠然としています。

そこであなたに考えていただきたいのは、次の質問の答えです。

「幸せに欠かせない要素」が
あるとしたら、
何だと思いますか？

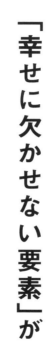

「幸せに欠かせない要素」として、あなたはどのようなことを思い浮かべたでしょうか？

全米キャリア発達学会の元会長のサニー・ハンセン博士は、幸せに欠かせない具体的な要素を「4L理論」として示しました。それらはLの頭文字ではじまる次の4つです。

◇**Labor（仕事）**：本業、副業・複業問わず収入を得る活動、家事や社会貢献など

◇**Love（愛）**：家族やパートナー、恋人、仲間、ペットなどの大切な存在と、一緒にすごすための時間

◇**Leisure（余暇）**：趣味、スポーツ、休養、地域活動など

◇**Learning（学び・自己成長）**：読書、オンライン教育、セミナー参加などで学んだり、ほかの3つを受けて自己成長している実感

「仕事」「愛」「余暇」「学び・自己成長」のバランスを大切にするのが、ハンセン博士の「4L理論」です。

わたしたちは多くの時間を「仕事」に費やし、「仕事」を中心に生活しています。米国でも、かつては「キャリア＝仕事」といった考え方が主流（中心的）でした。

しかし、ハンセン博士は、キャリアを人生そのものととらえ、**「4つのL」のバランスこそが幸せな人生に欠かせない**と考えました。

「4つのL」はとても重要なので、それぞれを簡単に説明します。

わたしたちは社会というコミュニティの中で、「仕事」を通して自らの役割を果たしながら生活をしています。

しかし、その「仕事」にやりがいを感じなければ、人生の多くの時間を楽しむことなく無為にすごすことになります。

ただし、仕事ひと筋で、家族や友人たちとすごす時間や、趣味を楽しむ時間を持たずに人生最後の日を迎えたとしたら、きっと「働くだけでなく、もっとほかのことも楽しめばよかった……」という後悔が頭に浮かんでくるでしょう。

「愛」がなければ、人生は味気ないものに感じるはずです。家族やパートナーへの愛、恋人や友人への愛、ペットへの愛、自然や地球への愛。「愛」は人が生きるうえで欠かせないものです。

「余暇」は、体力の回復はもちろん、心身のエネルギーとなり、人生に彩《いろど》りを与えてくれます。また、日常のストレスを緩和してレジリエンス（回復力）を高める働きもあります。

「余暇」を軽んじたり、あと回しにしたりしている人もいますが、ないがしろにすると確実に人生のバランスを崩してしまうでしょう。

現代は、「人生100年時代」と言われ、60代で定年退職しても、その後、何十年と人生が残っています。何歳になっても「学び、自分は成長できている」と実感できることは、生きるうえでの根源的な喜びになるはずです。

「4つのL」は、どれかひとつが欠けても、自分が思い描く幸せな人生を築くことはできません。

４つのL

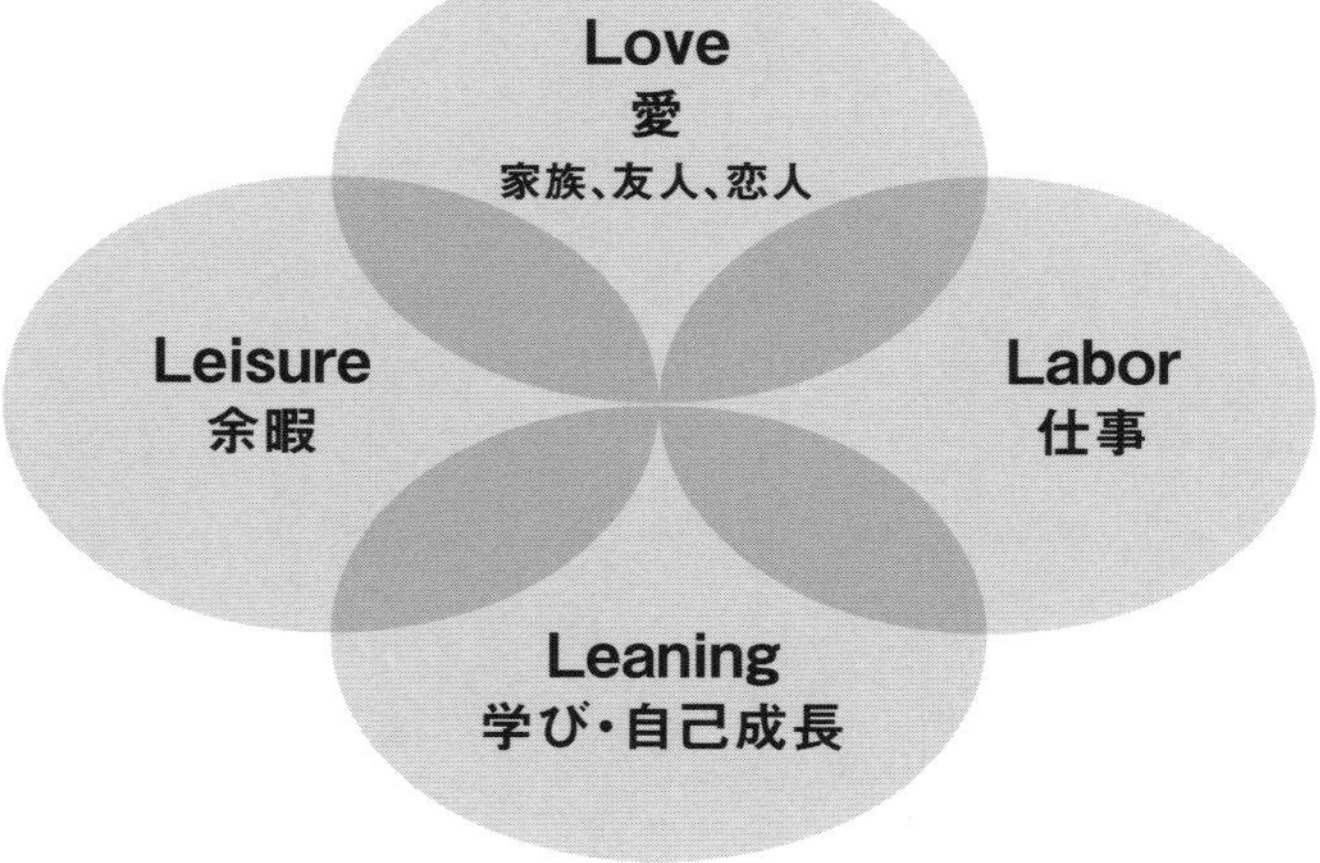

ハンセン博士は、仕事・愛・余暇・学びの「４つのL」を小さな布にたとえ、キャリアとはそれぞれを縫い合わせたキルトのようなものとしています。

どのような模様の布を組み合わせてキルトができるかは、人それぞれ。すべての人にオリジナルな「４つのL」の組み合わせがあるのです。

わたしはセミナーや講演で「４つのL」を説明する際に、上の図のように「四つ葉のクローバー」で表現しています。

栄養を与え４枚の葉それぞれを育てていくことで、わたしたちはより自分らしい、幸せな人生を生きることができるのです。

４枚の葉は根元の部分でつながっているように、「４つのＬ」もそれぞれが関わり合い、シナジー（相乗効果）を生み出しています。そのことを理解してもらうために、わたしは４つのＬを「４つのLeaf」とも呼んでいます。

「ポジティブ心理学の父」とも呼ばれるセリグマン博士は、持続的な幸福を「フラーリッシュ」、あるいは「フラーリシング」と呼んでいます。「フラーリッシュ（Flourish）」は「花が開く」を意味する動詞で、「フラーリシング（Flourishing）」は「開花」を意味する名詞です。

太陽の光や水を与えられたシロツメクサ（クローバー）が、白い花を咲かせるように、４枚の葉を育てながら、花を咲かせていく。そうすることで、悔いのない、自分らしい人生を送ることができるのです。

それでは、どのように「４つのＬ」に栄養を与えていけばよいのでしょうか？　それを紹介する前に次の問いについて考えてみてください。

あなたが心の奥で
望んでいながら、
やろうとしていないことは
ありますか？

わたしが「4つのL」を知って、その大切さに気づけたのは、亡き夫である杉村太郎の7年半におよぶ闘病を含む波乱に満ちた人生を生き抜いた、その生き方を間近で見てきたことにあります。

がんの告知を受ける前の太郎は、仕事に使命を感じ、相当の熱量を仕事に注いでいました。夜中に帰宅してソファで仮眠を取り、また仕事に出かけていくような日々も多くありました。

娘やわたしとふれあう時間も満足にとれていませんでしたが、楽しそうに仕事をしている様子を見て、何も言うことはできませんでした。大好きな海に行くことも我慢していたようで、「海が見たいな」「海に行きたいな」とつぶやいていたことを覚えています。

そんなある日、太郎の首に小さなしこりがあるのに気づいたのです。

検査の結果、しこりはがんがリンパ節に転移してできたものだとわかりました。がんの原発（最初に腫瘍《しゅよう》が発生した場所）は見つからないのに、ほかに転移する力が強い希少なタイプの進行がんでした。

告知を受けた時点で、すでにステージはⅢ～Ⅳで余命3か月～1年、5年生存率のパーセンテージは1桁でした。

太郎が遺していった書籍『アツイ コトバ』（KADOKAWA）の中に、**「確率ではなく、可能性にかけよ」**という言葉があります。まさに生存の確率は低くとも、生きるために可能性にかけ、首のリンパ節と癒着した肩にかけての筋肉、そして原発がんが隠れていそうな扁桃腺《へんとうせん》付近の組織を切除する手術を行いました。

のどを手術したため、太郎は発声が難しくなり、歌手として自慢だった声を失いました。それだけでなく肩の筋肉も切除したため、片ほうの腕が上がらなくなりました。そのことで身体の左右のバランスが崩れ、まっすぐに歩くことも困難になりました。

何かを食べるとせきこんでしまい、神経が集中している首にメスを入れたことで、想定外で、口を以前のように動かすことができなくなり、水を飲もうとしてもこぼれてしまうような状態になりました。

一夜にして、大きく変わってしまった身体機能を受け入れるかのように、太郎は退院するときに、大切にしていたラグビーボールを手に取り、こう書き込みました。

「がんになってよかったと思える人生を送る」

きっと、よりよく生きるための誓いの言葉だったのではないかとわたしは思っています。

それからの太郎は、これまで以上に生きられる幸せを噛みしめながら、今を大切に生きるようになりました。

そんなわたしたちが、太郎の退院を記念して向かった先は海でした。

そこで太郎は、自由に大海原を走る白いヨットを見て、「もう一度、あのヨットに乗りたい」と思ったのです。退院したときの太郎の状態からすれば、かなり無謀なものにも感じられました。

しかし強い想いは、太郎を突き動かしていきました。数か月後、太郎はわたしと娘を連れて、逗子の海に出かけました。

そこには、レンタルした小さなヨットが係留されていました。揺れる船につかまりながら慎重に乗ったときのことです。

身体を動かすことに不自由さを感じていたはずの太郎が、一生懸命に身体を大きく動かしはじめたのです。片ほうの手で、不自由なほうの腕を支えながらロープをつかむその表情は、覇気を取り戻し、生き生きとして見えました。

「取ってしまった筋肉は二度と再生しないけれど、きっとまわりの筋肉が発達して機能を補完できるようになるはず」

太郎はこう言って、大好きな海でリハビリをはじめたのです。

数か月後、太郎は確実に力強く、より自由に船の上を動くことができるようになっていました。

以来、太郎は頻繁に海に出かけるようになり、執筆などの仕事も海の上でするようになっていました。そこに、わたしたち家族や仲間を呼んで、楽しくすごす時間も増やしていったのです。

太郎は、余暇や愛を、大好きな海を中心に満たしていきました。

さらには、最初の手術から4年後の2008年には、単身渡米して米国ボストンのハーバード大学ウェザーヘッド国際問題研究所の客員研究員に挑戦し、再び学びはじめました。学び、成長している実感を得ることで、太郎はさらに希望に満ちた顔になっていったのです。

余命3か月〜1年という衝撃を受けたにもかかわらず、あの日から、太郎はそれまで以上に「今」を満たし、自分らしく生きることの喜びを追求していきました。そして生き生きとした7年半の歳月をすごし、47年の生涯に幕を下ろしたのです。

その直前に、太郎がわたしに言ったのが冒頭で紹介した言葉、「やりたいことは次々と出てきてきりがないけれど……、うん。やり残したことはない」です。

今振り返ると、「4つのL」をひとつひとつ満たしていった太郎は、自らが望む、自分らしい日々をすごすことができたのだとわたしは思っています。

最後の最後まで、1分1秒を大切に生き続け、人生にやり残したことがないと思えるように、すべてをやりきることができたのだと思います。太郎が亡くなる直前まで執筆していた『絶対内定』で伝えたかったことの本質も、まさにここにあるのだと思っています。

太郎の死後、キャリアデザインの事業を引き継いだわたしは、ハンセン博士の「4L理論」と出会い、「4つのL」が人生に欠かせない要素であることを確信し、それらをバランスよく満たしていくことの大切さを痛感しました。

クローバーの4枚の葉、それぞれを育てていくことで、人生を満たしていった太郎の生き方を知っていたからです。

「人々の人生を輝かせたい」。それが太郎の夢でした。その遺志を引き継いだわたしは、ひとりでも多くの方のウェルビーイングな生き方と、よりよい社会の実現に尽力していきたいと思っています。

もし、あなたも心の奥底では望んでいながら、やろうとしていないことがあるなら、気づいたときがスタートです。今、最初の一歩を踏み出してみてください。

「幸せ」を感じるとき、
あなたはどんな感情(状態)に
なっていますか?

あなたが幸せを感じるとき、その感情はどのように表現できますか？

「うれしい」「ワクワクする」「楽しい」「夢中になった」「役に立った」「やりきった」など、感情はさまざまでしょう。また、「愛を感じている」「心が温まっている」「感謝している」状態かもしれません。

人によってさまざまで、ときにあいまいで漠然としている「幸せ」を感じるときの感情や状態を、セリグマン博士は5つに明確化しています。

5つの要素の頭文字を取ったのが**「PERMA（パーマ）」**です。

「PERMA」とは、具体的に次の5つです。

◇**Positive Emotions・Pleasant Emotions（ポジティブ感情・心地よい感情）**
◇**Engagement・Flow（エンゲージメント・フロー）**
◇**Relationships・Positive Supporting（良好な人間関係（性））**

◇Meaning & Purpose（意味・意義と目的）
◇Achievement・Accomplishment For its own sake（達成感）

それぞれ、ひとつひとつ詳しくみていきましょう。

Positive Emotions・Pleasant Emotions（ポジティブ感情・心地よい感情）

ポジティブ感情とは、前向きで明るく、心地よい感情です。

具体的には「喜び」「愛」「感謝」「安らぎ」「興味」「希望」「誇らしさ」「愉快」などです。

「喜び＝うれしい」「愛＝愛おしい」「感謝＝ありがたい」などの感情が幸福度を高めるのは当然です。

「4つのL」それぞれにおいて、ポジティブ感情をしっかり受けとめてください。ポジティブ感情には、人を健康にする身体的メリットや、気分をよくする精神的メリットだけでなく、成功に結びつく社会的メリットもあるのです。

Engagement・Flow（エンゲージメント・フロー）

「エンゲージメント」とは、没頭することや夢中になること。「フロー」とも言います。スポーツ選手は、よく「ゾーンに入った」などと表現し、これも「エンゲージメント」のひとつです。

わたしたちの日常で言えば、仕事に没頭する、趣味に夢中になり時間を忘れる感覚もそうです。たとえば、ピアノを弾いてフローの最中にあったり、没頭したりしているとき、高揚感は感じますが、直接、幸福を感じることはありません。あとから「楽しかった」「夢中だった」という満たされた感情に包まれるのです。

フロー状態では、感情と調和している感覚が得られます。自意識が邪魔しないため、創造性も高まるでしょう。世界や宇宙と一体となる感覚を覚えることもあります。それは多幸感や高揚感をもたらします。

退屈な時間と夢中になってすごす時間、どちらが幸せかは一目瞭然でしょう。「4つのL」においても「エンゲージメント」を多く体験するほど、人生は充実します。

Relationships・Positive & Supporting（良好な人間関係（性））

人との「良好な関係」もウェルビーイングの度合いを高めます。

「良好な人間関係」は、幸せの根幹と言っても過言ではありません。約80年におよぶハーバード大学の研究をはじめ、さまざまな調査で「幸福と感じている人は、不幸と感じている人より人間関係が良好である」と証明されています。

もともと人見知りだったり、人間関係で傷ついた経験があったりすると、「人との交流はわずらわしい」と感じる人もいるかもしれません。

しかし、人間は過酷な自然界で身を寄せ合い、集団生活をはじめたころから、助け合うことなしに生き延びられませんでした。

人とよい関係を築くことに幸福を感じるのは、人間の本能です。わたしたちは生を受けた瞬間から、へその緒で母親とつながっていたように、だれかとつながっていたいと思う生き物なのです。

「4つのL」でも、人とのつながりを実感すればするほど、幸福度は高まっていきます。

Meaning & Purpose（意味・意義と目的）

今、向き合っていること、もっと言えば人生に意味や意義を見いだして生きれば、より幸せな生き方に近づけます。

自分は何に喜びを感じ、どのようなことに価値を感じるのか。それを自覚して生きるだけで、いきがいのある幸せな人生を送ることができます。

人生に意味や意義を見いだすと、長いスパンでものごとを考えたり、行動したりして壁を乗り越えることもできるようになります。つまり、持続的な幸福につながるのです。社会貢献や利他的な行為に深い喜びを感じられるのも、人生に意味をもたらす表れでしょう。

Achievement・Accomplishment For its own sake（達成感）

何かを達成したり、目的を果たしたりしたときに、わたしたちは幸福感や満足感を覚えます。

登山で言えば、つらい山道を乗り越え、山頂に立てたときのような感覚です。また、頂《いただき》にたどり着く前に、5合目、6合目、7合目と段階ごとに「ここまで登った」という小さな到達点でも、達成感を感じることはできます。

人生も同じです。仮にはるか先のゴールに到達しなくてもかまいません。小さな目標を立てて前進すれば、到達するたびに達成感を味わえます。

達成感は成功体験となり、「自分ならできる」といった自己効力感が増します。自信をもって人生を歩めるようにもなるのです。

◆ ◆ ◆

「4つのL」と同じように、「PERMA」も互いにシナジーを生み出しています。

身近なことで想像してみてください。ここでは食事にたとえてみましょう。

ひと口食べれば「おいしい！」とポジティブ感情がわき上がります（Positive Emotions）。

箸《はし》が止まらないほど夢中になって食べることもあるでしょう（Engagement・Flow）。

気の置けない仲間や家族で食卓を囲むことで、話もはずみ、あっという間に時間がすぎ、絆も深まることでしょう（Relationships）。

口にしたものが血や肉になると自覚したり、栄養や効能を意識したりすることで、食事をとる意味を感じられます（Meaning）。

きれいにすべて食べ終えれば、満腹感や達成感を覚え、満ち足りた幸せを感じることでしょう。そして、「明日もがんばろう」といった活力につながっていくはずです（Achievement）。

PERMA

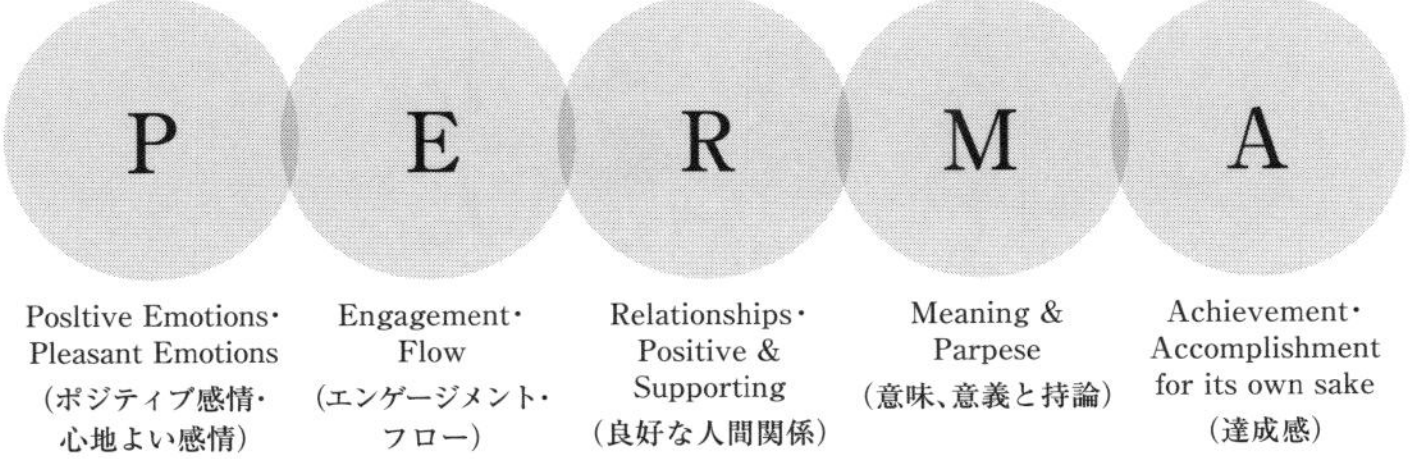

ポジティブ感情にも、多様なものがあります。

料理をつくってくれた方や生産農家の方、食材の命そのものに感謝すれば、「いただきます」という言葉の本来の意味に立ち戻り、日々の食事は、より豊かなものになるでしょう。

「PERMA」とは、心の栄養のようなもの。あてはまるものが多ければ多いほど、ウェルビーイングの度合いも高まっていくのです。

あなたは
「仕事」「愛」
「余暇」「学び・自己成長」、
それぞれを大切にできていますか？

幸せな人生を送るために大切なのは、「4つのL」を満たしていくことです。そして、満たすために必要なのが「PERMA」の感情です。

ウェルビーイング＝4つのL×PERMA

このように、「4つのL」は「PERMA」で充実させることができるのです。あなたの人生は、「4つのL」を「PERMA」で大切に育てているでしょうか？

「4つのL」をクローバーの葉にたとえたように、「PERMA」は水や太陽の光、土壌の栄養と同じ。心の栄養を与えると、4枚の葉はすくすくと育っていきます。「4つのL」に対して「PERMA」の感情で満たすことを「四つ葉のクローバー理論」と名づけたのは、そのようなイメージからです。

4枚の葉を4つのコップにたとえることもあります。「仕事」「愛」「余暇」「学び・自己成長」の4つのコップに、「PERMA」という水を注いで満たしていくイメージです。

「4つのL」それぞれのコップに「PERMA」の水が満たされるほど、ウェルビーイングの度合いが高まります。

注ぎ続ければ、やがて水があふれ出してしまうでしょう。それはそれでかまいません。コップの水は満たされてはじめてあふれます。あふれた水は他人への思いやりや優しさとなり、ウェルビーイングが連鎖していきます。

これは、杉村太郎も『絶対内定』の中で、「フルカップ理論」として紹介しています。ひとりひとりがあふれた水を他人に与えることで、幸せが連鎖し、社会がよりよい状態になっていく。そして、社会全体が持続的で豊かなものになっていくのです。

心が満たされていないと、自分のことで精いっぱいになってしまい、他人を思いやることはできないものです。まず、わたしたちひとりひとりが、自分のコップに水を満たしていく必要があるのです。

だれかを幸せにするためにも、あなた自身が満ち足りて幸せな状態になることです。

では、自分の「4つのL」の状態を確認してみてください。そして、あなた自身の「仕事」「愛」「余暇」「学び・自己成長」というの4つのコップに「PERMA」の感情を注いでください。

「4つのL」が「PERMA」の感情で満たされていれば、たとえ今、病気を抱えていたとしても、十分にウェルビーイングな状態になることができます。

ウェルビーイングとは、病気や怪我などがない状態を指すものではありません。そうであっても、なお、幸せに生きることができるのです。

精神的に落ち込んでいたり、社会的に恵まれていなかったりしても同じです。「四つ葉のクローバー理論」を実践すれば、今を満たすことができ、より自分らしい幸せな人生を生きることができるのです。

かけがえのない人生を、より幸せに生きることがウェルビーイングの目的です。その実現のために、「PERMA」の感情で「4つのL」を満たすこと。それが幸せな人生へとつながっていくのです。

次章以降では、「4つのL」と「PERMA」をかけ合わせた質問をみなさんにしていきます。

第 2 章

〜Labor×PERMA〜

仕事で「やり残したことはない」と思える人生にする

仕事をしていて、どんな瞬間が一番楽しいですか？

Labor × Positive Emotions

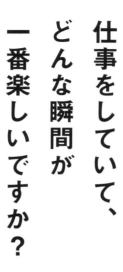

あなたが仕事をしていて、一番楽しいと感じるのは、どのような瞬間ですか？

もしかしたら、あなたの「強み」が発揮できている瞬間ではないでしょうか。

ポジティブ心理学では、仕事に限らず自分の「強み」が発揮できているときに、もっとも充実感を感じ、幸せを実感しやすいと言われています。

なぜなら、わたしたちは「強み」を発揮している瞬間、ありたい自分を生きているからです。


日常でさまざまな役割をこなすなかで、本来の自分らしさを見失ってしまうことがあります。それでも、意識して自分の「強み」を発揮していくことで、ポジティブ感情が生まれ、自分らしさを取り戻していけるのです。

ポジティブ心理学では、「人の普遍的な強み（キャラクター・ストレングス）」として、次の6つの領域で24の「強み」をあげています。この中には、あなたの「強み」にあてはまるものが必ずあるはずです。

◇**知識・知恵**：創造性・好奇心・向上心・知的柔軟性・大局観
◇**勇気**：誠実さ・勇敢さ・忍耐力・熱意
◇**人間性**：親切心・愛する力（愛される力）・社会的知性
◇**正義**：公平さ・リーダーシップ・チームワーク
◇**節制**：寛容さ・謙虚さ・思慮深さ・自律心
◇**超越性**：審美眼・感謝・希望・ユーモア・スピリチュアリティ（精神性）

24の「強み」それぞれを「わたしには○○がある」と、自分に聞かせるように、声に出して読み上げてみたら、ピンとくるものがあるのではないでしょうか。

また、簡単なテストに答えていくだけで、今の自分の「強み」のトップ5がわかるテストもあります。これはセリグマン博士らにより開発され、米・VIA研究所が無料で提供している「VIA-IS」診断というもので、「Language（言語の選択）」で日本語版を利用してみるのもいいかもしれません。わずか15分ほどでできます。

https://www.viacharacter.org/surveys/takesurvey

わたしたちの「強み」はひとつではなく、そのときどきで順位が入れ替わることもあります。

自分の「強み」を書き出した紙を家族や友人、パートナーに見てもらい、意見を聞いてみると、客観的に自分の「強み」を理解できるかもしれません。あなたのことをよく知っている気の置けない人に、「私の強みって何だと思う？」とストレートに聞いてみるのもいいでしょう。

とても大事なポイントなので繰り返しますが、わたしたちは、自分の「強み」を自覚して発揮することで、人生の満足感や仕事の充実感も高まり、幸せを感じられるのです。結果、自己肯定感※1や自己受容感※2、本来感※3も向上します。

たとえば「親切心」が強みなら、意識して、同僚や上司、取引先に思いやりをもって接すればするほど、仕事の充実感も高まり、満足感が得られ、幸福感に包まれるはずです。

「ウェルビーイング」と「強み」は密接につながっています。「強み」の自覚がウェルビーイングのエネルギー源となるのです。

まずは、自分の「強み」を知る。そして「強み」を発揮して、だれかの幸せに役立つことができたとき、自分自身も満たされていくのです。これこそ、仕事を通して「ウェルビーイング」を高める最たる秘訣なのです。

※1 自己肯定感：ほかの人と比べることなく、ありのままの自分を肯定する感覚
※2 自己受容感：あるがままの自分を理解し認め、受け入れる感覚
※3 本来感：生まれたときからだれにも備わっている、自分の心のままに振る舞うことができる自尊感情

ずっとやりたかったこと、
先延ばしにしてきたことは
ありますか？

Labor × Positive Emotions

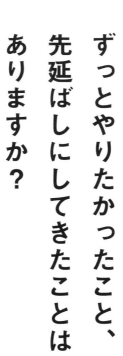

苦手なことや面倒なことを先延ばしにしてしまうのは、だれにでも身に覚えがあるのではないでしょうか。

もちろん、いつかやらなければならないなら、早めに片づけてしまったほうが気持ちよくすごせることは言うまでもありません。

問題は、「興味があること」や「ずっとやりたかったこと」まで先延ばしにしてしまうことです。もし明日、人生の幕が下りることになったら、きっと悔いを残すことになるでしょう。

「あの仕事にいつかチャレンジしたい」「いつかあんなところに行ってみたい」など、胸に秘めた想いがあるなら、「いつか」ではなく、「今から」準備をはじめてください。

「今」と言われて、あなたはどのように感じたでしょうか?

もしかしたら「今は無理」「まだ費用が足りない」「ほかに優先することがある」「機が熟していない」など、「まだ、できない理由」が頭に浮かんできたかもしれません。

できない理由が浮かぶのは、心理学で言う**「現状維持バイアス」**が働いているためです。「現状維持バイアス」とは、現状から未知の状態への変化を「安定した現状がなくなってしまう損失」と認識する心理的な傾向のこと。つまり、変化を恐れているのです。

杉村太郎は、**「敵は変化への恐怖、それだけだ」**とよく言っていました。

本当はやってみたいのに先延ばしにしていることがあるなら、今できないと思っている理由を書き出してみてください。そして、「こうすればできるのではないか」と可能性を探ってみるのです。

ここで「やらない後悔」に関して、コピーライターで、ミリオンセラー『伝え方が9割』（ダイヤモンド社）の著者である佐々木圭一さんのエピソードを紹介します。我究館の4期生だった佐々木さんが、館長であった杉村太郎と面談をしたときのことです。

太郎に「人生で登ってみたい山ってどこの山？」と聞かれ、学生時代に山に登っていた佐々木さんは「……ヒマラヤですね」とあまり考えずに格好つけて答えると、太郎はすかさず「いいね！　いつ登るの？　登ってきなよ。すぐにヒマラヤ」と返したそうです。

まさか佐々木さんは、「すぐに」と言われるなどと思ってもいなかったので、「今は時間がない」「大学院も休めない」「就活で忙しい」「まだそれだけのお金もない」「トレーニングも十分にできていない」と、今はまだできない理由を一生懸命にあげたそうです。

それを聞いた太郎は、「全部解決できるよね。本当に行きたいなら、いつかじゃなくて、今やるんだ」と言いました。

そのときに佐々木さんは、たしかに「できないと思っている理由（＝ストッパー）」は、今からクリアしようと思えばできるものばかりだと気づき、「登ってみようか」と考え方を変えたそうです。

佐々木さんは帰り道に目にとまった旅行代理店に立ち寄ってみたところ、偶然にも、最低催行人数1名のヒマラヤツアーのチラシを見つけたのです。運命を感じた佐々木さんは、その場で申し込みをし、数週間後、現地に飛びました。

そして、佐々木さんは5名のシェルパとともにヒマラヤの登頂に成功。頂上からの絶景を眺めながら、「僕はできなかったんじゃない、挑戦してこなかっただけだ」と実感したそうです。

ストッパーをはずすことを知った佐々木さんの人生は、それから大きく拓《ひら》けていったのは言うまでもありません。

ここでもうひとつ大切なことがあります。佐々木さんが旅行代理店に立ち寄って、ヒマラヤツアーを見つけたのは、単なる偶然ではなかったということです。わたしは、佐々木さんが自分に必要なものを引き寄せたのだと思っています。

わたしたちの脳には、「選択的注意」という認知機能が備わっています。何かを意識した瞬間に、脳のアンテナが感度を上げ、意識したことに関する情報を探しはじめるのです。

もしやりたいことがあるのなら、「今からやる」と決めて、ストッパーをひとつひとつはずし、今からできることを実行していけばいいのです。

登山は一歩ずつ前に進むことで、景色は変わっていきます。ゴールに近づいていくプロセスそのものも楽しいでしょうし、佐々木さんのように、偶然を装ったチャンスが突然巡ってくるかもしれません。

まずは最初の一歩を踏み出してみてください。そこからすべては、はじまっていくのです。

ポジティブ心理学の第一人者、ショーン・エイカー氏は著書『幸福優位7つの法則』（徳間書店）の中で、比較的容易なものから取り組むことをすすめています。「最初のステップは、たとえて言えば（あるいは文字通り）靴を履くこと」だと。

ずっとやりたかったのに、先延ばしにしてきたことがあるならば、まず今すぐにでもできることからはじめてみましょう。そうすることで、成果と一緒に幸せも引き寄せられるきっかけをつかめるはずです。

我を忘れて
夢中になった仕事は
ありますか？

Labor × Engagement・Flow

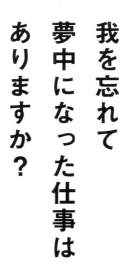

あなたは、これまでどのような仕事をしているときに夢中になりましたか？

気がついたらあっという間に時間がすぎている、なかなか手を止めることができないといった「フロー状態」や「ゾーン」に入った仕事です。

それらを紙に書き出してみましょう。

フロー状態になったり、時間を忘れるほど夢中になったりした仕事のリストをながめていると、あなた自身が気づかない「強み」を見いだせるかもしれません。

それまで未体験だった分野に挑戦して、意外な「強み」を発見することもあるでしょう。「やってみたら思いのほか夢中になれた」というケースです。

それは、自分では知らなかった「本来のあなた」に出会えた瞬間でもあります。

わたしはかつてテレビ朝日やBS朝日で、お天気お姉さんやニュースキャスターをしていました。

しかし、じつは幼いころから、慢性アレルギー性鼻炎だったため、自分の鼻づまりの声にコンプレックスがあり、性格も引っ込み思案だったので、人前で話すことが苦手でした。

ところが大学生のころ、偶然出会った元アナウンサーの先生に「ハキハキしていて、いい声をしていますね。ボイストレーニングをしたら、もっと伝わりやすい声になりますよ」と声をかけてもらったのです。

そのとき、未知の自分を見いだしてもらえたことがうれしく、心に明かりがポッと灯ったような感覚になりました。

それがきっかけとなり、先生のもとに集まっていた大学生の勉強会に入って、アナウンスの勉強に夢中になっていったのです。

その後、「伝えること」の楽しさを知り、自分の声もどんどん好きになっていきました。

このように、自分の「強み」は、最初から「強み」ではないこともあるのです。「弱み」だと思っていても、エンゲージメント（従事）することで、「強み」に近づけることもできるのです。わたしも、コンプレックスだった声が好きになっていったことで、世界が広がっていきました。

◆◆◆

もし、新しい仕事や領域にチャレンジできる機会があったら、得手不得手にかかわらず、まずは取り組んでみてください。

仕事や役割は、チャンスを与えてくれています。苦手だと思っていたものも、「強み」となるかもしれないチャンスをです。

自分にはちょっとハードルが高いかもしれないと思う新しいことに挑戦すると、真剣になり、夢中になり、ときにフロー状態になります。そうして、新たな「強み」が生まれるのです。

新しいことに挑むと、それまで気づいていなかった自分に気づきます。心理学者のエリクソンも「人は生涯、発達し続けるもの」と言っているようにです。

今が何歳であったとしても、探求を止めずに生きていくことで、また新たな自分を知ることができるのです。新たな自分に出会えると、そこからワクワクする旅がはじまります。

神様は いると思いますか？

Labor × Engagement・Flow

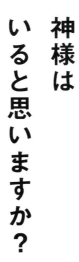

神様の存在をどのように受けとめているかは人それぞれですが、わたしはこれまで多くの場面で、目に見えない力に守られてきたと感じています。

きっと、みなさんにも、何か見えない力に守られたり、応援してもらったりしていると感じた経験があるのではないでしょうか？

わたしはかつて、経済誌の記者として100人近い経営者の方にインタビューをする仕事に携わりました。

多くの経営者の方から、事業を興《おこ》したときには想像をはるかに超える苦労をしながらも、事業を成功に導いてきた経験を通して、神様がほほ笑んだのではないかと感じるエピソードを数多く聞かせていただきました。

「がんばっている姿は、必ずだれかが見てくれているもの」と表現していた方もいましたし、「本気であれば、本気の人が集まってきてくれる」と話されていた方もいました。

夢中でがんばっていると、見えない力にも応援されるのでしょう。

ここで言う「神様」とは、目に見えない力だけでなく、生涯の仲間や同志もそうで、危機を救ってくれるチャンスの女神なのではないか、とわたしは考えています。

がんばっているときに助けてくれたり、チャンスを与えてくれたりしたのは、周りにいた上司や同僚、友人や家族でした。

自分ががんばっているときにチャンスを与えてくれた人たちや、困っていたときに手を差し伸べてくれた人たちは、わたしにとって神様のような存在です。

経営者の立場となった今は、だれかに仕事を任せたりすることも数多くなりました。だれに、この仕事をお願いしようかと考え、結果お任せするのは、やはり今がんばっている人です。

仕事は任せるほうにも覚悟が必要なものです。がんばっていて、信頼できる人に任せたいと思うのは自然なことでしょう。

ただし、自分が正当な評価を受けていないと感じることもあるかもしれません。そうしたときに、「がんばっても評価してもらえない」と不満に思うこともあるでしょう。

わたしにも経験があります。がんばっているのに気づいてもらえなかったり、誤解されたりしていると感じたとき、とても深く傷つきました。

しかし、その感情を自分の中にため込まないでください。それよりも、きちんと自分を知ってもらえるように伝えてみてほしいのです。

「灯台もと暗し」と言うように、灯台の光では照らされないところも出てくるでしょう。経営者の立場で言えば、気づいていないことを伝えてもらえるのは、とてもありがたいことでもあるのです。

こちらから正面に座れば、相手も正面から向き合ってくれることも少なくありません。何より、言葉にして言わないと伝わらないことはたくさんあります。


わたしが経営に携わっている会社では、コミュニケーションのことを、「コミュニケーション×コミュニケーション×コミュニケーション」と表現することがあります。それくらい意識してちょうどよいという意味です。

コミュニケーションとは、何も特別な場ですることではありません。自然な会話のやりとりも含めて、あなたががんばっていることを周りの人に伝えてみてください。

上司は、部下が「どのように仕事を進めているのか」というプロセスを把握できると、安心して任せられるように、たとえば中間報告や完了報告といったタイミングを利用して、まめにコミュニケーションをとれば、きっと周りの人もあなたががんばっていることに気づくことでしょう。

神様は、きっとあなたのそばにいます。しかし、すべてを見通す全知全能の存在ではありません。天は自ら助くる者を助くのです。

「自分ひとりでうまくいった」と思う仕事はありますか？

Labor × Relationships

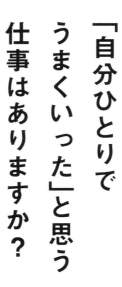

「自分ひとりでうまくいった」と思えた仕事はありますか？

もし、あると思っていたとしても、きっとどこかでだれかに助けられているはずです。自分ひとりきりで完結できる仕事は存在しません。もし、そう感じているならば、視野が狭くなっている可能性があります。

はるか昔からわたしたち人間は、コミュニティをつくり、狩猟採集や農耕を協力して行い、仲間とともに励まし合いながら何かを成し遂げ、幸せを分かち合ってきましたが、今も変わりはないはずです。

仕事をすべて自分ひとりでやらなければならない。そう思い込んでいる方もいるかもしれませんが、本当にそれを望んでいるのでしょうか。身体はひとつ。時間も有限です。すべてをひとりで抱え込んで限界がくると、「4つのL」のバランスが崩れ、身体や心を壊してしまうこともあります。

どうか、ひとりですべてを抱え込まないでください。あなたの心身の健康のためにも、だれかの力を借りましょう。

ここで、藻《も》の一種であるミドリムシ（学名：ユーグレナ）を主に活用し、食品や化粧品の販売、バイオ燃料の研究等を行っているバイオテクノロジー企業「ユーグレナ」の出雲充《いずもみつる》社長のエピソードを紹介します。

出雲社長は、大学院時代にミドリムシで世界を救うことを決め、研究を行い、ビジネスの展開までこぎつけたものの、それをどのように多くの人に知ってもらうかというところで壁にぶつかったそうです。

その苦境を突破することができたのは、ビジネスパートナーの存在でした。その経験から、「何をするのかの次に大切なのは、だれとするか」だと。その「だれ」を探してくださいとお話されていました。

私も夫である杉村太郎が亡くなり、突如として会社を継ぐことになった経験から学んだのは同じことでした。

何をするか、と同時にだれとするかです。自分で抱え込むのではなく、自分にできないことを助けてくれる人を探すのです。

太郎の言葉に、**「人はしょせん一人だ、そして絶対に一人ではない」**というものがあります。「絶対に一人ではない」のです。わからないことはわからないと伝え、「教えてください」「助けてほしい」とお願いしてみてください。

人と支え合い、助け合うなかで成果を出すことは、人生の喜びでもあります。だれかと何かを成し遂げることができれば、助け合う喜びと、成果を出す喜び、そしてその成果をだれかと一緒に喜び合えるという3つの幸せが味わえます。

わたし自身がはじめてチームプレーの大切さを実感したのは、航空会社でキャビンアテンダント（CA）として働いていたときです。

フライト中にCA同士は、ギャレー（機内厨房設備）にメモを貼ってコミュニケーションを図ります。

メモに書かれているのは、睡眠中でお食事をとられていないお客様や、小さなお子様の情報など多岐にわたります。気づいたことや共有したいことをメモに残し、それを見たほかのＣＡたち全員で声がけをしてフォローし合い、その経過がまたメモに綴られていきます。

よいチームプレーができたフライトは、ギャレーのメモが真っ黒になります。

実際にお客様が飛行機を降りられるときに、「よいフライトだったよ」と声をかけてくださるフライトは、決まってギャレーのメモが真っ黒でした。

そして、そんなフライトは、笑顔があふれ楽しく夢中になって仕事をしていたからか、勤務を終えても不思議と疲れを感じることはありませんでした。

ひとりでがんばるより、だれかとがんばったほうが、より楽しいはずです。

わたしたちは、ともに助け合い、喜びを分かち合うことで、より大きな幸せを感じる生き物なのです。

「お金をもらわなくてもやりたい仕事」はありますか？

Labor × Meaning

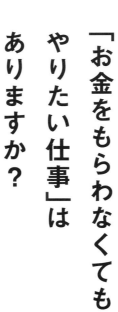

「もし一生、楽に生活できるだけのお金が貯まったとしたら、あなたは働くのをやめますか、それとも働き続けますか？」という統計数理研究所のアンケートによると、55％の人が「働く」と回答しています。

お金はとても大切なものですが、多くの人は、お金のためだけに仕事をしているわけではないはずです。それでは、仕事をするうえで、大切にしていることとはいったい何なのでしょうか？

「3人のレンガ職人」という有名な寓話があります。経営学者で「マネジメントの父」とも呼ばれるピーター・F・ドラッカー氏が本で紹介して有名になったため、ご存じの方も多いかもしれません。簡単にあらすじを紹介します。

旅人がレンガを積む3人の職人と出会い、「ここでいったい何をしているのですか？」と尋ねると、3人はそれぞれ異なる目的を答えました。

1人目は「レンガを積んでいるんだ。つらいけど、仕事だから仕方なくやっている」。
2人目は「壁をつくっているんだよ。この仕事のおかげで家族を養えている」。
3人目は「歴史に残る大聖堂をつくっているんだ。多くの人がここで祝福を受けることを考えると、幸せな気持ちになる」。

1人目は、レンガ積みを苦労する単純作業、2人目は、家族が生活するお金のためととらえていました。しかし、3人目は、後世まで人々の心のよりどころとなる大聖堂を建てる意義（Meaning）ある仕事ととらえていたのです。

同じ作業でも、どのような意味や意義を自覚するかによって感じ方は違ってきます。「後世の人々のため」と意義を感じてレンガを積んでいた3人目の職人が、もっとも仕事を楽しんでいるのは言うまでもありません。

仕事の分野では、「PERMA」の中でも「Meaning」がとくに重要になってきます。仕事に意義や意味を見いだすことで、「4つのL」のひとつである「仕事の葉」はもっとも栄養を注がれます。

イエール大学経営大学院のエイミー・レズネスキー教授が1997年に発表した論文によると、仕事に対する考え方は**「ジョブ」「キャリア」「コーリング」**の3つに分けられると言います。

「ジョブ」はお金と生活のための仕事。
「キャリア」は自己成長や地位向上のための仕事。
「コーリング」は充実感の獲得と社会的な意義のための仕事。コーリングは「天職」と訳されることもあります。

レンガ職人の寓話で言えば、3人目の職人が「コーリング」です。
コーリングのタイプの人は、仕事の意味や意義を自覚しているために、充実感を抱きながら幸せに働けます。報酬でなく使命感のために仕事をしているので、「お金をもらわなくてもやりたい」と考えるのです。

幸せをつかさどる「四つ葉のクローバー」の1枚である「仕事の葉」は、意義・意味を自覚することで充実します。どのような仕事にも、取り組み方しだいで意味や意義は見つけられます。

ちなみにレンガ職人の話には続きがあります。

10年後、1人目の職人はあいかわらず愚痴を言いながらレンガを積み、2人目は生活費のために、危険な屋根の上でより賃金の高い仕事をしていました。そして、3人目は現場監督（プロジェクト・マネジャー）として職人たちに尊敬され、完成した大聖堂には彼の名前が刻まれたそうです。

「お金に関係なく、これをやりたい！」。そう思える仕事をすると、心の底から深い喜びが湧きあがってきます。そう感じられる仕事かどうかは、天職を見分けるポイントでもあるのです。

「これは自分がやりたい」と
心から思う仕事
はありますか？

Labor × Meaning

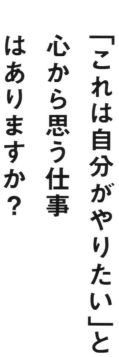

「これは自分がやりたい」

「きっと自分ならできる」

「ハードルは高そうだけれど、ぜひ挑戦してみたい」


そのような仕事があるのなら、ぜひ手をあげてアピールしてください。

おそらく、あなたは同じような仕事で「うまくいった」「感謝された」「世の中に貢献できた」といった成功体験があるのでしょう。

そのような仕事をやると、きっとあなたの幸福度は高まり、自信も深まるはずです。

やがてその仕事は「あなたにしか任せられない」ものとなり、あなたの存在感を際立たせます。


ただし、自分がやりたい仕事があるにもかかわらず、その機会が今いる環境にないケースもあります。そのようなときは、自らつくることもできるのです。

我究館のOBで民放キー局（全国放送のテレビ局）に就職した吉田和生《かずお》さんは、ハーバード大学ケネディ行政大学院（ケネディスクール）の留学から戻ってきた杉村太郎の影響もあり、自らも猛勉強をしてケネディスクールの合格を勝ち取りました。そして、勤務するテレビ局に「ケネディスクールに留学したい」と直訴しました。

しかし、そのテレビ局には前例がなく許可が下りませんでした。そこで吉田さんは一生懸命に仕事をしながら、留学が今後いかに会社のためになるかをアツく訴え続け、5年後に正式に会社からの留学の許可を得て、ケネディスクールを再度受けて合格を勝ち取ったのです。

訴え続けなければ、その留学は許可されなかったわけですから、ひとりの人間のアツい想いが変えられることの大きさを物語るエピソードです。

「自分がいたから、これができた」「わたしがいたから、よりよく変わった」。そのように、あとに続く人に向けて道をつくっていく。自分の存在を通して、少しでも世の中をよくしていく。

自分の行動が、まわりにプラスの影響力を発揮できていると自覚できたとき、その仕事はますます楽しくなっていくはずです。

一方で、やりたい仕事がありながら、あきらめてしまった人もいるかもしれません。途中であきらめた夢はなかなか成仏できないものです。それが人生最後の日の後悔になることもあるでしょう。

◆◆◆

じつはわたしも、夢をあきらめたことがあります。

大学時代にテレビ朝日のアナウンス部で働かせていただいていたことから、就活ではアナウンサーをめざしたのですが、在京キー局の最終面接で落ちてしまいました。地方局の入社試験を受けることも考えましたが、挑戦することをやめ、途中で夢をあきらめてしまったのです。

その後、航空会社に就職し、キャビンアテンダントとして働き充実していたのですが、結婚し、出産をして渡米し、アメリカで専業主婦として子育てに追われる日々をすごしているなかで、むくむくとあのあきらめた夢が頭をもたげてきたのです。

ニュースを見ても、新聞を読んでも、社会の動きを感じるたびに、それを自分で伝えたいという想いが湧き起こってきました。そこで、帰国したら、もう一度挑戦しようと決めたのです。

帰国すると、新しいアナウンススクールが創設されたことを知りました。しかし、娘はまだ幼く幼稚園のお迎えも早いので、スクールに通う時間はありません。受講料の十数万円とも言える金額も、家計を預る主婦にとって大きな負担でした。

そのようななか、「学べることは幸せなこと」と背中を押してくれた両親の言葉もあり、また夫もスクールに通うことを応援してくれ、娘を両親に預けてわたしは27歳からアナウンススクールに通って、再びアナウンサーをめざしました。

年齢的にも、経験的にも、アナウンサーの職に就ける確率はゼロに近かったかもしれません。それでもわたしは可能性にかけました。

スクールに通いながら数多くのオーディションに足を運びました。オーディションを受けても受けても全滅した時期もありましたが、二度と夢をあきらめることはしませんでした。

そして不合格を繰り返しながらも、あるCS局の番組に採用され、やがてニュースキャスターの仕事に就けることになったのです。

◆
◆
◆

人は成長するとともに、夢も進化していくものです。

中には、ひとつの夢をきっぱりとあきらめて、あらためてほかの夢に向かう生き方もあります。

子どものころに憧れていた職業にあこがれ続ける人ばかりではないように、年齢を重ねるにつれ、新たな夢が見つかるかもしれません。

だからこそ今、「これがやりたい」と感じる仕事があるのなら、迷わずに手をあげてください。そのアクションが次の夢に、ひいては後悔を残さない人生につながっていくのです。

「出せる力は
全部出した」と思える
仕事はありますか？

Labor × Achievement

「あのとき、ベストを尽くさなかった……」という後悔は、人生の最後まで残りやすいものです。

「受験勉強をもっとがんばればよかった……」
「大学でもっと真剣に学べばよかった……」
「納得のいく就職活動をもっとすればよかった……」
「あの仕事にもっと全力で取り組めばよかった……」

しかし、そうしたかつての後悔も、今からでも十分、上書きして変えていくことができます。

それに過去の認識を変えることだけでなく、わたしがアナウンサーの夢に再びチャレンジしたように、一度はあきらめた仕事に挑み、新たな道を切り拓くことだってできます。

テレビ局でわたしが最初に担当させていただいたのは、わずか5分の生放送でしたが、わたしはその仕事に全力で向き合いました。

ストップウォッチを片手に繰り返し原稿を読み込み、それをプロデューサーの方に聴いていただく。オンエアの録画を何度も見返してひとりで反省会をやる。やれることはすべてやりました。

わたしはもともと器用なタイプではなく、自信があるタイプでもなかったからこそ、何事にも全力でぶつかるしかありませんでした。しかし、全力で向き合っているうちに、見えてきたものがあったのです。

まず全力で仕事に向き合うと、結果がうまくいかなくても納得でき、爽快感を覚えます。「自分はここまでは絶対にできる」といった自信も得られます。一生懸命やったからこそ、得られるものがあるのです。

まずは、10分でいいので、全神経を集中させてベストを尽くす時間をつくってみてください。だれもが小さかったころ、できなかったことができるようになるには、必ずベストを尽くして集中したはずです。

10分あれば、人は変われます。集中状態を体感することで、忘れかけていたベストを尽くす感覚を取り戻せます。

杉村太郎は2004年に出版した『アツイ コトバ』で、次の言葉を残しました。

「死ぬ気でやれよ、死なないから」

たまにこの言葉の真意を誤解されてしまうのですが、太郎は決して「死ぬ気で働け」と言っているわけではありません。全力を出して本気で向き合うことで見えてくる、新たに開ける世界と出会うことの大切さを伝えたかったのです。

ただし、全力と言っても、休息も欠かせません。

4輪レースの最高峰であるフォーミュラ1でも、F1マシンを必ずピットストップに入れてタイヤ交換を行います。ピットに入らないで走り続ければタイヤがバーストして、リタイアを余儀なくされるでしょう。

「仕事」も同じです。適切な休みをはさんでリラックスすることで、「4つのL」のひとつである「仕事」をより充実させることができるのです。

そのＦ１レースにも参加したことのあるポルシェの正規ディーラーを展開するエポカルインターナショナルの代表取締役社長で、太郎ともご縁が深い井上達哉さんは、以前、こうおっしゃっていました。

「ポルシェは、世界一速く走れるエンジンを搭載したスーパーカーだと言われています。たしかにそうなのですが、本当のすごさはアクセルだけでなく、世界一のブレーキも積んでいるところです。いざというときに必ず止まれるから、安心してアクセルを踏みこむことができるのです」

集中してベストを尽くすアクセルと、休むべきときには休むブレーキ。仕事では、この両方とも大切なのです。

大変だった仕事の山を
越えたとき、
どんな景色が
見えましたか？

Labor × Achievement

「山」とは、難易度が高く、困難な仕事のことです。あなたも仕事で「登れるかどうかわからない山」に直面した経験があることでしょう。

スタート時点では見上げていた山を登り切ったとき、何を感じたでしょうか？　おそらく、そこまでの道のりが厳しければ厳しいほど、達成感を覚えたはずです。

困難な仕事は、自分を高めるチャンスです。

もちろん、「難易度が高すぎて１００％無理」と感じる案件に挑んでも、心を痛めてしまうかもしれません。しかし、「できるかもしれない」と少しでも確信めいたものがあれば挑戦してみてほしいのです。

確率ではなく可能性にかけて挑めば、大きな成長の機会になります。

困難に挑み、乗り越えた経験は、あなたの財産になります。財産のひとつは「自己肯定感」が高まることです。

自己肯定感とは文字どおり、自らを肯定する感覚のことです。自己肯定感が高ければ、長所だけなく短所も含めてありのままを受け入れ、自分自身を尊重できます。

自己肯定感が高まるとポジティブ感情が起きやすくなり、健全な人間関係も築きやすくなるでしょう。自分の存在自体に意義が感じられるため、幸せをつかさどる「四つ葉のクローバー」の栄養となる「PERMA」の感情も満たされます。自分を信じているため、挫折や落ち込んだ状態から回復するレジリエンス力も高まります。

困難な仕事の途中では、ときにくじけそうになることもあるかもしれません。そのようなときも、決して投げ出さないでください。周囲に助けてもらいながら、最後まで走り続けましょう。

わたしが中学生のときのことです。体育の跳び箱の授業中、ひとりの同級生が跳び箱にぶつかって「もう飛びたくない！」と泣き出してしまったことがありました。

その姿を見た先生が言ったのは、「だいじょうぶ。いったん跳び箱に乗って降りてみなさい」という言葉でした。

その子は、おそるおそる跳び箱に向かっていき、跳び箱によじ登って、跳び降りました。それを、先生は黙って見守っていたことを今も覚えています。

大人になってから、その先生に「あのとき、なぜ跳び箱に登らせたのですか？」とうかがったときに、こう説明してくださりました。

「失敗したまま怖い状態で終わらせてしまうと、その子はどんな低い跳び箱でも、二度と跳べなくなってしまう。怖い想いで終わらせてはいけないんだよ」

◆◆◆

困難な山に直面しても逃げ出さないで最後までやりきることで、自己肯定感が高まります。自己肯定感が高まっていけば「自己効力感」も高まります。自己効力感とは「きっとできる」「きっとうまくいく」と感じられることです。

自己効力感が高まれば、何ごとにも積極的に挑戦しようと思えるようになります。そして、たとえ失敗したとしても、次はどうすればうまくいくかを考えられるようになるのです。

第 3 章

〜Love × PERMA〜

家族や友人たちと「やり残したことはない」と思える人生にする

世界一周旅行の
チケットが当たったら、
だれと行きたいですか？

Love×Positive Emotions

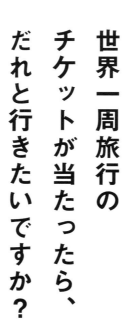

トルコのカッパドキアで気球に乗って昇る朝日を見る。

フランスの世界遺産、モン・サン・ミッシェルで名物のオムレツを頬ばる。

エーゲ海に浮かぶサントリーニ島で真っ白な建物がオレンジ色に染まる光景を眺める。

ニュージーランドのテカポ湖で世界一きれいな星空やオーロラを見る――。


世界一周旅行をしながら、そのような感動的な体験をあなたの横で一緒にしているのはだれでしょうか？　家族ですか？　それとも親友ですか？　恋人でしょうか？

世界一周旅行のような人生の一大イベントに誘うのは、おそらくあなたにとって、とても大切な人でしょう。

その人は、信頼することができ、一緒にいたい、あなたの人生に欠かせない存在のはずです。


「大切な人と一緒に、もっと多くの時間を丁寧にすごせばよかった」。これは人生の最後に多くの人が後悔することのひとつです。

もし自分の生きられる時間が残り少ないとしたら、大切な人とすごしたいと考えるのではないでしょうか。

だとしたら、頭に思い浮かべた大切な人との時間を今、この瞬間から大事にしてください。

「二度と還《かえ》らないものを知れ」

これは、杉村太郎が著書『アツイ コトバ』に遺した言葉です。太郎は、この本を書いた直後にがんの告知を受け、7年半の闘病の末、この世を去りました。そのなかでも、とくに最後の半年間は、家族との時間を大切にしていました。


ある晴れた春の日。わたしは生まれて数か月経った息子を抱っこ紐に入れ、近所の公園で、静かにブランコを揺らしていました。

携帯電話が鳴り、出ると「今、どこにいるの?」と太郎の声が聞こえました。その数分後、仕事を早めに切り上げて帰ってきた太郎が、大きく手を振りながら、うれしそうにこちらに向かって歩いてくる姿が見えました。

公園からの帰り道、太郎はわたしにこう言いました。

「最近、僕ができるだけ家族との時間を増やそうとしているの、気づいてた?」

太郎は自分の人生の終わりを迎えるに際し、それこそ、たとえ明日人生が終わったとしても、やり残したことはないと思えるように、娘や生まれたばかりの息子、そしてわたしという家族とすごす時間を大切に生きていたのだと思います。

その1分1秒という時間は、わたしたちにとっても、尊い、かけがえのない時間になったことは言うまでもありません。

世の中には、何ひとつあたりまえのことなどありません。しかし、日常ではあたりまえのことはあたりまえに存在するので、大切なものほど失ってはじめて、二度と還らないものだったということに気づくのです。大切な人との時間も、そのひとつです。

わたしたちは、自分が持っている時間を〝使い〟ながら生きています。

同じ〝使う〟でも、お金に関しては、できるだけ無駄使いをしないように気をつけたり、計画的に有意義に使おうとしたりします。

しかし、「時間」に対してはどうでしょうか？

時間は減っていくのが目に見えないだけでなく、人生が終わるときには文字通り時が止まってしまうこともあるのに、その使い方や使い道を考えながら生きている人は少ないのではないでしょうか。今生きているこの時間こそ、二度と還らないものなのに。

◆◆◆

長い目で見れば、人生も旅のようなものです。ただし、人生の大部分は何気ない日常の連続でもあるため、一緒に旅している人の存在に気づきにくいものです。

でも、「世界一周旅行に行くのはだれと？」と長いスパンの旅路について問われれば、思い浮かんだ人は、あなたにとって大切な存在です。

大切な人の存在に気づけたなら、感謝の気持ちを言葉で表してください。もし明日、突然の別れが訪れたとしたら、言葉にして伝えていなかったことを必ず後悔するはずです。

あなたは大切な人に日ごろ、感謝の言葉を伝えられているでしょうか？

あまりに身近すぎて、感謝の言葉を十分に伝えられていないとしたら、意識して次の言葉をかけてみてください。


「いつもありがとう」

「一緒にいてくれて、ありがとう」


身近な人に気持ちを伝えるのは、少し気恥ずかしいかもしれません。ですが、あらたまった言葉を使う必要はなく、何かをしてもらったときに、素直に「ありがとう」という想いを添えるだけでも十分に伝わるものです。

たったそれだけのことでも、あなたと人生の旅をともにする大切な人との関係性は深まり、眺める景色もより輝きを増していくはずです。

自分のお葬式には、
だれに来てもらいたいですか？

Love × Positive Emotions

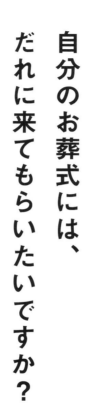

自分のお葬式を想像したことなどないかもしれません。とくに日本人は、死をタブー視する傾向があるので、縁起でもないと考える方もいるでしょう。

しかし、わたしたちは生まれた瞬間から、自分の持っている時間を使って、死に向かって生きています。

「生」と「死」が一体である以上、死後を意識することで、生きている今を幽体離脱するがごとく俯瞰してみることができる。

つまり、自分のお葬式という人生の最後であり、死後の最初のイベントを想像することで、「あなたの心の奥にある人とのつながり」を見つめ直すきっかけになるのです。

あなたが想像したのは、多くの人が参列する葬儀でしょうか。それとも、家族や親しい人に見送ってもらう家族葬かもしれません。

その場に駆けつけてくれたのはだれでしょうか？　その人たちは、どのような言葉で、あなたを見送ってくれているでしょうか？

しばらく目をつぶって、その様子をイメージしてみてください。

あなたが最初に思い浮かべたのは家族でしょうか？　友人や同僚たちの顔も浮かんだかもしれません。

いずれにしても、**最後のお別れのときに「来てもらいたい」と思った人は、「お世話になった人」や、あなたが「バトンを渡したい人」のはずです。**

「お世話になった人」とは、文字通り生前の感謝を伝えたい人です。「バトンを渡したい人」とは、あなたが想いを託したい人です。駅伝で言えば、タスキを渡したい人です。バトンを受け取ってくれる人は、お子さんかもしれません。同僚や後輩、友人かもしれません。その人たちは、あなたがこの世を去ったあとに、バトンを引き継いで走り続けてくれることでしょう。

たとえあなたの人生に、やり残したことがあったとしても、次の走者に委ねることができれば、後悔も少なくなるのではないでしょうか。

◆
◆
◆

振り返れば、わたしも多くの「生」と「死」に寄り添うなかで、たくさんのバトンを受け取ってきたように感じています。

亡くなった父や義父母だけでなく、塾の先生や、アナウンサーの恩師、ジャーナリストだった上司や、愛犬の〝くん〟からも、その死を通してバトンを受け取りました。

夫が天国に旅立つ数日前に、「しっかりと会社をつないでいってほしい」と残した想いも、まさにバトンです。そのバトンを握ってわたしは走りながら、彼が実現したかった世界が広がっていくのを今見ているのではないかと思っています。

◆ ◆ ◆

もしあなたが、心のバトンを渡したいと思っている人がいるならば、今から、その想いを伝えておいてください。

中には、「自分には、託したいバトンはない」と感じている人もいるかもしれませんが、果たして本当にそうなのでしょうか?

あなた自身が意識していなくても、あなたのお葬式に10人が参列したならば、あなたは人生を通してその10人に異なるバトンを手渡しています。

バトンを通して伝えた想いは、バトンも受け取った人がつらくしんどいときに勇気となるかもしれません。

すべての人は、だれかからバトンを受け取り、次の走者にバトンを渡すことで、「生」をつないでいっているのです。

ここであらためて想像してみてください。あなたはだれにどんな言葉をかけながらバトンを渡したいですか？

「あのときは、
本当に楽しかったなあ」と
思い返す出来事は
ありますか？

Love × Engagement・Flow

あなたが「あのときは本当に楽しかった」と思い返すのは、どのような時代でしょうか？

思い出してみてください。もしかしたら、そのころのあなたは、「ＰＥＲＭＡ」の感情で満たされていたのではないでしょうか。

「ＰＥＲＭＡ」の感情が満たされている状態とは、ポジティブ感情に満たされ（Positive Emotions）、一生懸命に何かに取り組み（Engagement・Flow）、仲間や家族といったまわりの人から支えられ（Relationships）、やっていることに意味を感じながら（Meaning）、達成感を味わえている（Achievement）。そのような状態にあれば、きっと充実した楽しいものになるはずです。

わたしが経済誌の記者として、経営者の方にインタビューをしていたなかで、成功と幸せには、ある関係性が存在していると感じました。

それは、**「成功する」から「幸せになる」のではなく、「幸せ」だから「成功する」**というものです。心を通わせた仲間と一緒に、成果を出していく過程に「幸せ」があるのです。

「PERMA」の感情で満たされた状態だったので、努力を続けることができ、結果として成功することができたのだとわたしは考えています。

「PERMA」の感情で満たされているときには、たとえその時点では経済的に恵まれていなくても、まだ成功はしていなくても、あとから思えば、ワクワクして楽しかった日々として思い返されるものです。

今思えば「PERMA」の感情で満たされ、わたしにとって迷うことなく「楽しかったあのとき」は、太郎のハーバード大学ケネディ行政大学院（ケネディースクール）への留学をめざして、ニューヨーク・マンハッタンで一緒に毎日の生活を切り詰めながらも、目の前の道を拓くべく、ただただ前を向いてすごしていた時代です。

当時は結婚2年目。太郎は平成の松下村塾をめざして開いた「我究館」の館長として人材育成に全力を注ぎ、わたしもキャビンアテンダントの仕事を辞め、彼のアシスタントとしてサポートをする日々をすごしていました。

そのようななか、よりグローバルな人材を育成するために、太郎はケネディスクールへの留学を決意しました。

太郎は、仕事の合間やプライベートの時間はすべて英語の勉強をしていましたが、大学院のアプライ(出願)に必要なTOEFLのスコアがなかなか取れず苦戦していました。

そこでわたしたちは、思いきって合格をめざしてアメリカに移り住むことにしました。選んだ場所は、長年住んでみたいと思い続けていたマンハッタン。合格の保証など、何もありません。しかし、今挑戦しなければ絶対に後悔すると思ったのです。

生まれて半年の長女も連れて、最初に移り住んだのは、築80年近いアパートメントのワンベッドルームでした。

部屋に到着したその日、浴槽に栓がないのを不思議に思ったのもつかの間、蛇口をひねると赤さびで薄茶色く濁ったお湯が出るのを見て、前の住人が栓を使わなかった理由を理解しました。

正直なところ、「ここで赤ちゃんをちゃんと育てていけるだろうか……」と不安にも思いました。

私費での留学だったので、貯金を取り崩しながらの生活は節約の日々でした。牛肉は高くて買えないので、鶏肉を大量に買ってきては、料理本片手に調理を工夫し、チキン料理を家族みんなで食べるのが常でした。

週に何回かベビーカーを押し、地下鉄を乗り継いで市場に生鮮野菜などを買い出しに行っていました。

日本での生活とは比べられないほど不便な面もありましたが、アメリカに来た目的を思い起こすと胸がアツくなります。大学院合格を信じて、家族で協力し合って懸命に生きていたあの日々は、今振り返ってみても、とても満たされ、幸せそのものでした。

結果として、太郎がケネディスクールへの留学を果たしたのは、わたしたちにとって最高の喜びとなりましたが、もし合格を勝ち取れていなかったとしても、きっとわたしたちは、別のサクセスストーリーを見つけていたと思っています。

仮に人生を巻き戻せるとしたら、あの貧しいながらも「ＰＥＲＭＡ」の感情で満たされていた日々を、もう一度味わいたいと思います。

◆◆◆

わたしたちが生きていくなかで、住まいや食事など生活するために、さらには夢や目標を持ち続けるためにもお金は必要です。しかし、そのお金に心を奪われ心が貧しくなれば、自分の人生を愛せなくなってしまうかもしれません。

ドイツの哲学者ショーペンハウアーは「富は海水に似ている。それを飲めば飲むほど、のどが渇いてくる」と言いました。「快楽の踏み車」という概念があるように、どんな富やモノを手に入れても、その状態に慣れてしまい、より多くを求めるようになってしまうものです。

ポジティブ心理学でも、過去50年間で経済が飛躍的に成長し豊かになったものの、幸福度は頭打ちになっていることがわかっています。

車や大きな家を持てるようになっても、幸福度は50年前と変わっていないというのです。お金では幸せは買えないというのも、お金で幸せは買えるというのも、間違っているのです。

やはり、「ＰＥＲＭＡ」の感情で満たされてこそ、人は幸せを感じ、ウェルビーイングな生き方ができるのです。

もし、「あのころはよかった」と思い出される時代があるならば、なぜ楽しかったのかを、「PERMA」の感情にあてはめて考えてみてください。

今の自分にも、「PERMA」の感情をひとつずつあてはめながら、何が満たされ、何が足りていないのかを感じ取ってみてください。そして、足りないと感じている「PERMA」の感情をひとつずつ満たしていけばいいのです。

たとえば、ポジティブ感情（Positive Emotions）が足りなければ、生活に小さな変化をつくってみてください。いつもと違う道を使ってみたり、ウォーキングなどの軽い運動を日常に取り入れてみるのも効果的です。夢中になれるもの（Engagement・Flow）を生活に取り入れたり、心安らげる相手や存在とすごす時間を増やす（Relationship）。意義があると感じる活動に参加してみたり（Meaning）、小さなことにもゴールを設定して、最後までやり切ってみる（Achievement）。

「PERMA」の感情で〝今〟が満たされれば、将来振り返ってみたときに「あのころも、本当に楽しかった」と思える今を生きることができるようになるのです。

「年を重ねてわかった」ことはありますか?

Love×Engagement・Flow

人は年を重ねるたびに、経験からさまざまなことを学び、生涯をかけて成長していきます。映画『ナイロビの蜂』でアカデミー賞助演女優賞を受賞したレイチェル・ワイズは、「年を重ねることで、より賢く経験豊かになれば、物事が容易になる。自分自身にも自信が持てるはず」と言ったようにです。

10年前の自分と比べれば、今の自分には、当時はなかった知恵や気づき、自信もついていることに気づくでしょう。

わたしは今40代後半となり、人生の正午を迎えています。

「人生の正午」とは、スイスの深層心理学者であるカール・グスタフ・ユングが、人生を1日の太陽の動きになぞらえた考え方で、人生の前半と後半の境となる時期のことを言います。年齢で言えば、40歳から50歳くらいが正午にあたるとされています。

太陽が東から昇り、正午を迎え、西の空に移動して日没を迎えるなか、正午を境に大きな変化があります。

それは、午前に日があたっていたところに影が移り、影だったところに、日があたっていくのです。ギラギラした日の光が、徐々に日没にかけて優しい光となっていきます。

ユングは、「人生の正午」をポジティブに迎え入れることの大切さを説いています。

人生も正午を境に、日のあたる場所、影となる場所が移動していくように、興味や関心、考え方や価値観に変化が生まれ、生き方自体も変わっていきます。

そう考えれば、年を重ねることは決して老いていくことだけを意味するのではなくなります。**それまで影になっていた部分に新たな光があたり、浮かび上がってくること。それが年を重ねることでもあります。**

人間関係でも年を重ねて成熟していくと、あらためて家族や友人の存在のありがたみに感謝できるようになり、そこに幸せを感じるようになります。

年を重ねることで、若いころにはわからなかった他人の人間味にも気づけます。他人の人間味に目を向けると、自分に足りないものに気づけたり、新たな交流関係も広がったりしていくことでしょう。


わたしの場合、人生の正午を迎えたころから、残りの人生をだれかのために役立てることに深い意義を感じるようになりました。

実際、人はほかの人の役に立てば立つほど、幸福度が高まるものであるとされています。

ポジティブ心理学の創始者であるセリグマン博士も、「学習性無力感とうつ病の関係性」といった心理学でのネガティブな領域の研究からスタートし、ポジティブな領域へと挑戦していく過程で「ほかの人を助けること」に抗うつ効果があることに気づいたと述べています。

セリグマン博士は、自分自身が幸せになることを考えるよりも、自分がほかの人に何ができるかを考えることのほうが、その人を幸せにする。そのためには自分自身を知り、大切な人のことを知り、その人のために何ができるかを考えながら行動することで、「PERMA」の感情も高まるとも言っています。

自分のためと、だれかのためは、対になるものではありません。だれかに何かを与えるほど、自らも豊かになっていきます。自らが満たされ、豊かになるほどに、心の中にあるコップの水があふれ出し、さらにほかの人にもやさしくなれるようになるのです。

自分が何をしたかも大切ですが、だれかのために何ができるかを考え行動に移すなかに幸せを見いだせることも、年を重ねていくほど染み入る幸せの深さと言えるのではないでしょうか。

「あの人としか話せない話」
はありますか？

Love × Relationships

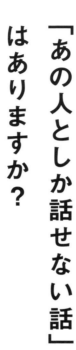

たとえば、「小さいころの思い出話」は、そのころのことを知っている家族や幼なじみとしか話せません。

「高校時代の思い出話」は高校の同級生とだけ共有できるものでしょう。新入社員時代の話も同期入社の仲間としか話せません。同じ趣味を一緒に楽しんできた人もそうでしょう。

「思い出」というのは、同じ経験をした人としか共有することができません。そうした「思い出」を共有できる相手は、あなたにとって唯一無二の存在です。

ポジティブ心理学では、**人間とは、さまざまな人との「つながり」のなかで、自分自身の存在意義を見いだすとしています**。つながる分野が多岐におよべばおよぶほど、その人の存在も、多様な意味を持つことでしょう。

オーストラリアで長年、緩和ケアの介護を仕事としてきたブロニー・ウェア氏の著書で26か国語に翻訳されている『死ぬ瞬間の5つの後悔』(新潮社)では、5つの後悔のひとつとして「もっと友だちと連絡を取り合っていればよかった」をあげています。

人生の最後に、大切な友だちや仲間とのつながりをおろそかにしていたことに気づいても、時間は戻ってきません。

親しかった友人としばらく会っていないならば、ぜひ、連絡を取り合ってみてください。友人もあなたとのことを思い出し、あなたと同じ想いでいるかもしれません。声を聞くだけで懐かしさに包まれ、昔話に花を咲かせて笑い合うなかで、大切な思い出が色鮮やかによみがえってくるはずです。


共有している思い出を語り合うことは、疎遠になっている友人だけでなく、身近なパートナーとの絆もより深まります。長年連れ添っていればいるほど、ふたりの共通体験も増えているはずです。

懐かしい写真を一緒に見たり、昔よく行ったレストランを訪ねてみたりしながら、思い出話をする。これも、同じ時間を共有した、その人としかできないことです。

旅先で見上げた満天の星空。地平線に沈む大きな太陽を眺めた日のこと。子どもが生まれた日のことや、はじめて歩いた日の感動など、心の中に大切にしまってあった思い出の扉を開ければ、たくさんの宝物に気づくはずです——。

ふたりの思い出は、まさしくふたりにしか話せないことです。

些細な出来事であったとしても、パートナーと共有することで、ふたりだけの意味のある出来事になるはずです。

人生をともに歩んできたなかで感じた苦労や感動を、今ふたりで振り返ることで、そのときの感情もよみがえり、お互いの結びつきをより深めてくれるはずです。

あなたが
「わがままになれる」のは、
だれの前ですか？

Love × Relationships

わたしたちは社会の中でつながり合い、それぞれの役割を果たしながら生きています。その役割には、「会社員」や「公務員」「医師」といった職業上の役割もあれば、「上司」や「部下」などの組織上の役割もあります。さらには、「父親」「母親」「夫」「妻」「娘」「息子」といった家庭内での役割もあるでしょう。

人生のなかでは、さまざまな「役割」を同時に担いながら生きています。とくに大人になって仕事の役割とプライベートの役割を両立させ、それぞれの責任を果たそうとしていくと、そこには「わがまま」が入る余地はないかもしれません。

ここで言う「わがまま」とは、他人の都合や周囲の事情を考えずに、自分勝手に振る舞うということではなく、**「自分の本音」「ありのままの自分」**を指しています。

自分の本音が言えない状況が続くと、だれしも生きづらくなるものです。自分の意志が何なのかすらわからなくなってしまうこともあるでしょう。

あなたには、弱音を吐いたり、甘えられたり、愚痴を聞いてくれる相手はいるでしょうか？

そうした相手は、あなたが心を許している人でしょう。心を許している人とは、「心が緊張することなく打ち解けられる」人のこと。余計な気を使ったりすることなく、あなたが自然体でいられる人です。あなたの「よき理解者」とも言えます。

本音は、だれに対してでも言えるわけではなく、信頼できる人にしか言えません。人は、だれでも自分の理解者を求めているもの。自分を深く理解してくれて、心を許せる存在を探しています。そうした人の前では、社会的な仮面をはずして心からリラックスできるはずです。

素の自分を受け入れてくれる相手は、もっとも安心できる尊い存在と言えるかもしれません。

もし、あなたにわがままを言える相手がいるならば、その人は素のあなたに戻れる港のような人です。大切にしてください。

あなたの人生を変えた「運命の出会い」は？

Love × Meaning

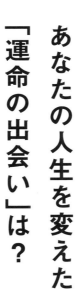

これまでの人生を振り返ってみると、数えきれないほどたくさんの出会いや別れがあったことでしょう。その中には、自分の人生が大きく変わった「忘れられない出会い」もあったはずです。

運命の出会いを思い出す過程では、わたしたちひとりひとりの人生のストーリーも自然と浮かび上がってきます。

人生は芝居に似ています。人生というステージで、シーンごとに登場人物は入れ替わりながらも、主人公である自分自身は出会いと別れのストーリーを通して成長し、自らのテーマを表現して生きています。

わたしの人生でも、フェーズが大きく変わったときには、必ず人との出会いと別れがありました。

そのひとりである杉村太郎との出会いでは「夢」を追いかけることの大切さ、喜びを知り、太郎との別れで「自分の果たすべき使命」を感じ、「人生は決して生きた長さで決まるものではない。〝今〟という瞬間をアツく生きているかに意味がある」という確信を得ました。

前述したコピーライターの佐々木圭一さんをはじめ、我究館やプレゼンス、そして『絶対内定』や『アツイ コトバ』といった本を通して、杉村太郎と出会って「人生が変わった」と言ってくださる方が多くいらっしゃいますが、ここにまた、太郎との出会いで、運命が変わったと話してくださった方がいます。

とある輸入車販売会社のセールスパーソンだった方も、そのひとりです。

太郎は車が大好きで、「これは！」という車はローンで購入して、ドライブすることが趣味でした。中でも好きだったのがポルシェです。

太郎はアメリカ留学から帰国した翌年、がんと告知された状況下でしたが、ポルシェのショールームにわたしたち家族も連れて足を運びました。

ピカピカに磨かれたポルシェ９１１を真剣に見つめる太郎に、さわやかな笑顔が印象的なセールスの方が話かけました。太郎も車の性能について次々と質問をし、その瞬間は病気であることを忘れているのではないかと思わせるほど、うれしそうでした。

すると、あまりにも太郎が楽しそうだったからか、セールスの方が「試乗してみませんか？」と言ったのです。

太郎は目を輝かせて「いいんですか！」と即答。わたしと娘はショールームに残り、太郎は意気揚々とセールスの方と試乗車に乗り込んで、ショールームをあとにしていきました。

ここからは、太郎が亡くなったあとに、セールスの方から聞いた話です。

高速での運転を体感するため、向かった先は第三京浜。車内でセールスの方から車の説明を受けながら、ハンドルを握る太郎が「営業成績いいでしょ？」と聞いたそうです。

当時、彼は常時全国のセールスランキングで3位にランクインするほどの若手ナンバーワンと言われるエースだったそうです。結婚もされ、仕事と家庭の両立も意識して仕事をしていたので、「わたしはトップをめざしてるわけではなく、家庭を持っている営業の中でのナンバーワンであれば十分なんです」と自信満々に答えたそうです。

すると太郎は顔つきが変わり、アクセルを一段踏み込みながら意外な反応を示したそうです。「それだったら、もう辞めたほうがいい」「やるんだったらナンバーワンをめざすべきだ」「そのほうが格好いいし、楽しいはず」。

太郎とはまだ出会ったばかりで彼はその唐突な言葉を受け、とまどいを感じたのは言うまでもありません。

しかし、太郎の真剣な眼差しに、彼は自分に言い訳をし、自身の可能性に自らフタをしてしまっている弱さを見透かされたような気分になったそうです。そして、「やろうと思えばできるし、たとえできなくても、やろうと思わないよりマシだ」とエールを送ってくれたとも感じたそうです。

ほんの数分の間ですが、心を揺さぶられた彼は、数年後、「ワークライフバランスを大切にする」という価値観は崩さずに、見事、全国ナンバーワンの成績を残しました。

その後、彼はマネジメントを任されるようになり、今では会社を代表する立場となっています。この彼こそ、「アクセルとブレーキの話」で紹介したポルシェの正規販売店である株式会社エポカルインターナショナル代表取締役社長の井上達哉さんです。

井上さんは多くの人から相談を受ける立場になった今、「太郎さんが自分にしてくれたように、ひとりひとりのことを真剣に考え、その人のためを思ってのエールをしっかりと伝えるように心がけています」と話してくれました。

第三京浜を走る、わずか数分の出会いでも人生が変わるのです。

あなたにも、たくさんの運命の出会いがあったはずです。その出会いが、今のあなたをつくり、確実にあなたの人生のテーマにも影響を与えているはずです。

すべての人に、人生のテーマがあります。そのテーマこそがあなたの人生に意味や意義（Meaning）を与えてくれます。

「Meaning」とは、何も壮大なものである必要はありません。これまでのひとつひとつの出会いにも、必ず意味があります。その出会いに意味を見いだすことができると、そのつながりは唯一無二の「ご縁」として認識されていくのです。

だれかに
「ポジティブな影響」を
与えたと思えることは
ありますか？

Love × Achievement

この質問で思い返していただきたいのは、何か大きなことを成し遂げたとかでなくても、ほんの小さなことでもいいので、あなたがだれかにポジティブな変化や影響を与えたという経験です。

「自分ではちょっと手伝っただけなのに、感謝された」とか「何気ない親切心だけれど、喜んでくれた」といったことでかまいません。だれかにポジティブな影響を与えた出来事を思い出してみてください。

あなたの言動で、だれかの表情がぱっと明るくなったり、少しでも気持ちが晴れやかになったりしたとき、どのように感じたでしょうか？ きっとあなた自身もうれしくなったり、幸せな気持ちになったりしたのではないでしょうか。

米国カリフォルニア大学リバーサイド校の心理学教授で、ポジティブ心理学のコースでも教鞭をとっているソニア・リュボミアスキー博士は、その著書『幸せがずっと続く12の行動習慣』（日本実業出版社）の中で、「人に親切にすることは幸せになるための行動習慣として効果的な方法」であると指摘しています。

リュボミアスキー博士が行った実験の中で、最大の効果が現れたのは「週に1日、曜日を決めて（たとえば毎週日曜日とか）、新しくて特別な大きな親切をひとつする」または「小さな親切を3〜5つする」ことでした。

だれかに優しくするといい気持ちになれることは、体験的にだれでも知っていることかもしれませんが、リュボミアスキー博士による実験で、**「親切」にすることが幸福につながる**ことがはじめて科学的に証明されました。

なお、リュボミアスキー博士は次のような「親切」で幸福度が高まるとしています。

◇お金や物がないなら、時間を贈り物にする
例：修理が必要なものを直してあげたり、庭の草むしりをしたりする

◇相手にサプライズを与える
例：ふだんはつくらない手料理を振る舞ったり、プレゼントや手紙をあげたりする

◇自分にとってあたりまえでない行動を何か試してみる
例：自分に対して文句を言ってきた人に対して、礼儀正しく接する

◇思いやりの心をもっと育てる

例：苦境に立たされている人に寄り添い、理解しようとする気持ちを持つ

このようにちょっとした「親切」で、だれかを幸せにできるだけでなく、自分自身の幸福度も高まります。

自分自身の楽しみを追求することも大切ですが、それだけでなく、だれかの幸せに貢献しようとすることで、長い間、高い満足度が得られるという事実は、ポジティブ心理学においても重要な発見でした。

「親切」とは、相手の気持ちを想像し、その人が何をしてもらったらうれしいのかを考えて、その人のために何かをすることです。

「親切」とは、思いやる力です。そして、親切に振る舞うことで、社会とのつながりを保ちながら、よりよい人間関係を育てていきます。「親切」とは、幸せになるために、もっとも身近で、今すぐにでもできる、簡単で効果的な方法であると言えるでしょう。

第4章

〜Leisure×PERMA〜

自分の時間で「やり残したことはない」と思える人生にする

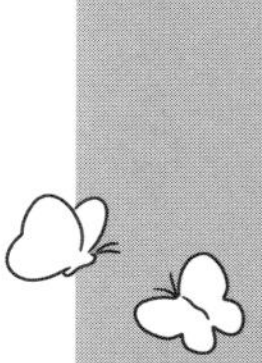

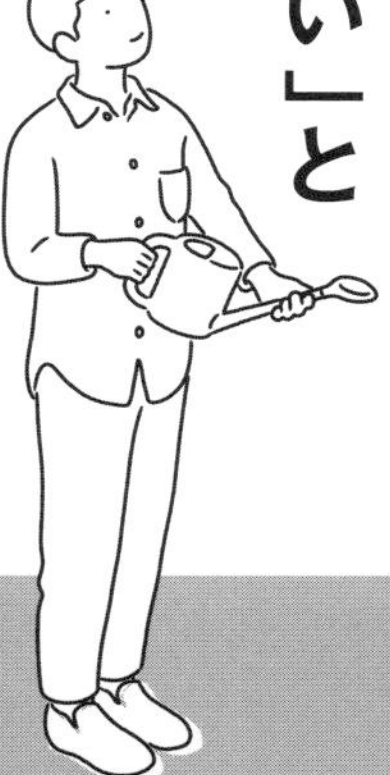

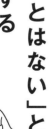

自分から
「仕事」を取ったら
何が残りますか？

Leisure×Positive Emotions

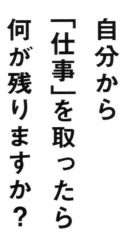

仕事中心のライフスタイルを送っている社会人は珍しくありません。中には「趣味は仕事」という人もいます。

しかし、その仕事に定年があるとしたら、どうでしょう？　人生のすべてであった仕事がなくなったときに何が残るでしょうか？

もし「仕事（Labor）」以外の自分が想像できないとしたら、ここで「4つのL」のバランスについて、あらためて考えてみてください。「Love（家族や友人たちとの時間）」「Leisure（余暇）」「Learning（学び・自己成長）」にどれだけ時間を注いでいますか？

現代は、定年を迎えたあとの人生についても想いを巡らせながら生きていくことが大切な時代になりました。

『定年後』（中央公論新社）の著者で人事・キャリアコンサルタントの楠木《くすのき》新《あらた》さんによると、定年後、自由な時間は約8万時間あるそうです。しかも、この8万時間というのは、20代から60代までに働いてきた時間よりも長いとも言われています。

今現役で働いている人には、定年後というのは、想像がつきにくいかもしれませんが、定年まで働いた時間よりも定年後のほうが長いと聞けば、漠然とでもその長さが感覚的にわかるのではないでしょうか。

たとえ仕事が面白いからと言っても、仕事に没頭しすぎて、常にオン状態で走り続けていると、心身の健康に支障をきたす可能性もあります。

「4つのL」を意識しながら、仕事、家族や友人の存在、余暇、学び・自己成長でポートフォリオを組むつもりで、そのバランスを意識してみてください。

わたし自身、仕事でうまくいかないときや、大切な決断をしなければならないときこそ、意識して「余暇」をとるようにしています。

「余暇」とは、その時間の長さ以上に、いかにオン状態から離れられるかに意味があります。「余暇」によって、心のエネルギーもチャージされると、頭が整理され、冷静に判断ができるようになり、仕事への活力もみなぎってくるものです。そしてまた仕事に励むことで、新たなエネルギーが生まれてきます。

「4つのL」のうち「仕事」と「余暇」という2つのLだけをとっても、エネルギーを循環させるために、どちらも欠かせない存在なのです。

わき目も振らず仕事に没頭していると、知らず知らずのうちにストレスが溜まっていることも少なくありません。

ストレスは「キラーストレス」とも呼ばれ、精神的健康にも、肉体的健康にも悪影響をもたらすことがわかっています。過度なストレスは、心身に悪影響を及ぼします。

ただし、ポジティブ心理学では、ストレスが一概に悪なのではなく、十分な回復力を待たずして次のストレスがたまり続けることに問題があるとしています。

筋トレにしても、少しずつ持続すれば筋肉が鍛えられますが、休む間もなく筋肉に過度の負荷をかけ続ければ、筋肉繊維がダメージを受け、慢性的な疲労状態に陥ったり、けがにつながったりしてしまいます。

ストレスも適度であれば、むしろよい刺激になることがわかっています。適度なストレスはレジリエンスを鍛え、高める機会にもなるのです。

蓄積したストレスによるダメージを回復させるのに効果的なのが、「余暇」の時間です。「余暇」という文字は「余った暇」と書くので、非生産的で無駄な時間と考える人もいるかもしれません。しかし、英語では「Leisure」となり、その語源はラテン語の「licere（リセレ)」の「許されている」「自由である」からきて、好きに自由にするという意味合いだそうです。

「余暇」を自由に楽しむことで、仕事はもちろん人生全体の生産性が向上し、幸福度も高まることがわかっています。

アメリカ・オハイオ州立大学のセリン・マルコック准教授らの調査によれば、「余暇」を無駄な時間だと考える人ほど、ストレスを感じやすく、落ち込みやすい傾向があることがわかっています。**「余暇」の時間を大切にする人ほどポジティブで幸せを感じやすいのです。**

これまで仕事中心に生きてきた人は、「余暇」に何をすればいいかわからないと思うかもしれません。

そうであれば、身近にいる人が楽しそうにやっていることを一緒にやってみるのもよいでしょう。

ほかにも、昔好きだったことをあらためてはじめてみる。書店の雑誌コーナーやネットで見かけたちょっとでも興味のあることをはじめてみる。誘われた集まりに参加してみる。人にすすめられたことをやってみる。などなど、まずは小さな一歩を踏み出してみてください。仕事以外にも楽しめる好きなことを見つければ、新たな自分自身とも出会え、心だけでなく身体もリフレッシュするでしょう。

なかなか忙しくて、「余暇」が取れないと感じている人もいるかもしれません。しかし、ちょっとした時間でもできることはあります。

中でも気軽にできることは、身体を動かすことです。セリグマン博士は、ウォーキングをすすめています。とくに、抑うつ状態の人には運動することが効果的であるとしています。抑うつ状態とは「動きたくない」状態であり、その対極にある「動くこと」はもっとも抗うつに効果があるそうです。

実際に運動すると、交感神経が活性化され、ポジティブな思考になりやすいとされています。筋トレがメンタルに効くと言われるのもこの理屈です。

意識して笑顔をつくることで、表情筋が動き、脳が楽しいと感じて、実際に楽しい気分になっていくことと同じように、まず身体を動かすことで、自然と気分もよくなっていきます。

ウォーキングは、身体の筋肉の3分の2が動くそうです。日常生活にウォーキングを取り入れれば、心身をより健康的に保てるようになるでしょう。

もし、生活が仕事中心であるなら、1日15分でもよいので仕事の合間に外の空気を吸いに外に出て、ウォーキングを取り入れてみてはいかがでしょうか。

余暇において大切なのは、「自ら楽しむ」という姿勢です。新しいことをはじめるとき、最初はおっくうに感じるかもしれません。しかし、今まで知らなかった世界を見たり知ったりするたびにワクワクするはずです。

年を重ねても、まだ知らないことは、たくさんあります。自分の心と身体が楽しい状態を大切にしてください。自分が選んだことをしているという充足感は、自己肯定感にもつながっていくのです。

あなたが
「片づけよう」と思うのは、
どんなときですか？

Leisure × Positive Emotions

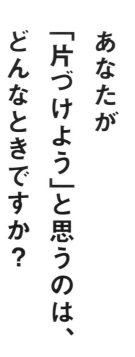

忙しくてバタバタしているときには、部屋が散らかっていてもそれほど気にならないのに、仕事がひと段落したり、ちょっと心に余裕が出てきたりすると、急に気になって片づけたくなったりすることはありませんか？

わたしは、整理整頓ができているかどうかは、そのときの心の状態を表しているように感じています。

たとえば、仕事が立て込んでいるときは、整理整頓まで心が行き届かず、雑然とした机の上で探し物がなかなか見つからずにイライラしてしまった。さらに、しかめっ面になって、周りの人にも不快な思いが伝播して、なんだか空気が悪くなった。

なんてことは、身に覚えはないでしょうか？　それを受け、うまくいかないことを「ついてない」と運の悪さのせいにしてしまうこともあるかもしれません。

けれども、ふだんから机の上が片づいていれば、探すこともなく、当然そこからの負の連鎖も起こりません。たかが整理整頓、されど整理整頓です。

以前、わたしが経済誌の記者として、ある証券会社の社長にお話をうかがったときのことです。

社長室の机まわりがとてもきれいに整理整頓されているので、わたしがそのことに触れると、経営者の方は「自分の心に余裕があるかないかは、自分の机まわりを見ればわかるんですよ。今はいい状態です」と話してくれました。

自分自身を振り返っても、仕事でテンパっているときには、家も散らかり、心が落ちつくような状態ではなくなります。一方で、心に余裕があるときほど、しっかりと掃除までできているものです。

整理整頓をして、心地よい状態というのは、物理的な空間の見栄えだけでなく、心も整っていることに気づきます。

わたしは夫と死別してしばらくの間は、今日という1日をすごすことで必死でした。家の整理整頓はおろか、お化粧さえする余裕もありませんでした。

しかし、当時小学6年生だった娘が中学受験のために一生懸命に勉強をしている姿や、まだ0歳だった息子が懸命につかまり立ちをしようとがんばっている姿を見ているうちに、母である自分が立ち止まっていてはいけないと感じはじめました。

そのときに最初に意識したのが、口紅を塗ることでした。そして髪も整えるようになると、少しずつ身の回りのことが整理できるようになっていきました。

今振り返ると、あの「口紅を塗る」といった何気ない行動のひとつが、自分の心を整え、立ち直る象徴でもあったように思います。


大切な人との別れや悲しい出来事にあわずとも、わたしたちは何かに追われていると、知らず知らずのうちに心の余裕を失いやすくなります。

心の状態は外からは見えませんが、部屋が雑然としていたり、お化粧や身だしなみがおろそかになっていたりすることで、心の状態は見て取れます。

ときどき部屋や机の上を見渡し、心の状態を映す鏡だと思って、気になったところがあったならば、あと回しにせず、ほんの少しでもいいので片づけてみてください。

いきなり大掃除などと考えると、忙しいからとあと回しにしてしまうものです。まずは手の届く範囲の整理整頓など、小さなきっかけから。

よく言われることですが、「忙しい」という字は、心を亡くしている状態です。そのようなときこそ、心を整えるべく意識的に身近なところから整理整頓をしてみましょう。

会社の中でもない、
家族の前でもない
「素のあなた」は
どんな人ですか？

Leisure × Positive Emotions

前章でも述べましたが、わたしたちはさまざまな「役割」を持って生きています。では、そうした社会的な仮面をすべてはずしたときのあなたは、どのような人でしょうか？

仕事からも家庭からも、友人たちからも離れたところにある自分を思い浮かべてみてください。目を閉じて、鳥になったように空高く舞い上がらせて、俯瞰して**「素の自分」**を見てみましょう。

そう言われても、「素の自分」が、わからないという方もいると思います。

きっと、ふだんから自分の意見を押し殺すことに慣れてしまっていたり、人からどう思われているかを気にしていたり、他人と比べていたりしているのかもしれません。「素の自分」に気づくために、ぜひやってみていただきたいのが「マインドフルネス（マインドフルネス瞑想）」です。

ここで突然、マインドフルネスや瞑想と言うと、難しそうだと思う人もいるかもしれませんが、マインドフルネスやマインドフルネス瞑想はGoogleやApple、Intel、Facebookなどの外資系企業をはじめ、多くの企業でも研修プログラムとして取り入れられるなど広まりつつあり、心を整えるための手段ととらえてください。

マインドフルネスとは「今、この瞬間に意識を向け、評価することをせず、とらわれのない状態で受けとめること」を言います。マサチューセッツ工科大学（ＭＩＴ）のマインドフルネスセンターの研究でも、リラックス効果やストレスの軽減、集中力の向上といった効果が確認されています。

ポジティブ心理学でも、マインドフルネスは幸福度を高める方法のひとつとされています。

マインドフルネスによって、自分の感情を受け取り、本音と向き合うことができるようになります。

「自分の感情を受け取る」というのは、あるがままの自分を肯定することとも言えます。

マインドフルネスは、いわば本来の自分の内なる声に耳を傾けることです。

マインドフルネスは、だれでも今日からはじめることができ、決して難しいものではありません。

たとえば、『「今、ここ」に意識を集中する練習』（日本実業出版社）の中では、「利き手でないほうの手を使ってみる」「身の回りの音に耳を澄ませる」「3回深呼吸をする」「1日の終わりを感謝で締めくくる」など、マインドフルネスを日常のなかで実践する方法を紹介しています。

マインドフルネスには、さまざまなアプローチがありますが、わたし流の心を整えるためのマインドフルネス瞑想として生活に取り入れているのは「サウナ」です。40代に入ったころ、無理がたたってか明らかに心身に不調を感じるようになったことがありました。

周りの人からもその様子が見てとれたのか、会社のメンバーから「サウナに行ってきてください。だまされたと思って、とにかく行ってみてください」と言われました。それまでサウナに入ったことはありましたが、あくまで汗を流すためのものであり、一度入ったらおしまい。水風呂なんて冷たすぎて足の指先でも無理だと思って、肩まで入るなど一度もしたことはありませんでした。

しかし、メンバーがあまりにも熱心にすすめてくれるので、サウナに足を運び、メンバーから教わった通りの入浴法を試してみました。

その入浴法とは、約10分間サウナに入り、出たら1分間、水風呂に肩までつかる。次に1分間、外気浴を行う。これを3セット繰り返します（体調のよくない人、高血圧や動脈硬化、不整脈などの持病のある人はサウナと水風呂の温度差によるヒートショックの影響を受けやすい可能性があるため十分に注意し、ご自身のご判断で体調・健康状態に合わせて行ってください）。

最初の1回目は、気合を入れないと水風呂にはなかなか入れませんでしたが、水風呂の中でじっと動かないで意識を集中していると、身体のまわりが衣《ころも》をまとったかのようにほんのり温かくなってくるのです。そして、しだいに頭の中の霧が晴れるような心地よい感覚を覚えました。これを3回繰り返してみると、驚くほどに、身体もとても軽やかになり、頭の中もすっきりと整理され、全身に爽快感を覚えました。

これはあとから気づいたことですが、サウナでわたしは知らず知らずのうちにマインドフルネス瞑想を行っていたのです。

マインドフルネスは、過去や未来ではなく「今この瞬間」にだけ意識を向けます。室温の高いサウナの中では、流れ落ちる汗や自分の呼吸などに自然と集中し、「今この瞬間」の自分に向き合うことになります。水風呂も同じように、最初の冷たさを経て、やがて衣をまとったような温かさを感じる皮膚の感覚に意識が集中します。

サウナは、もともと冬が長く太陽の恩恵も少ない北欧フィンランドで、白夜《びゃくや》や極夜《きょくや》の期間にメンタルを整えるために発達したと言われています。フィンランドは2022年度まで5年連続で幸福度ランキング1位の国であり、サウナがもたらす多幸感もそれに貢献しているのかもしれません。

わたしはサウナによるマインドフルネスと出会い、生活のなかに取り入れるようになったことで、身体だけでなく、心のメンテナンスが、習慣化されました。

みなさんも、自分の生活スタイルに合った、自分流のマインドフルネスを生活に取り入れてみてください。

無人島にひとりで
1週間すごすとしたら、
何を持っていきますか？

Lesiure × Engagement・Flow

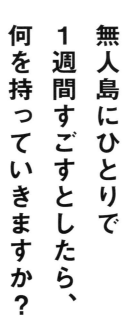

あなたなら「無人島」と聞いて、何を持っていくでしょうか？　生きていくために必要な道具として、サバイバルナイフやライター、もしくはテントなどを思い浮かべたかもしれません。

では、この無人島には、水も飲めるきれいな川が流れていて、食料と寝泊まりができる小屋もあるとします。電気はなく携帯電話も通じませんが、時間だけはありあまるほどあります。だとしたら、あなたは何を持っていきますか？

読みかけていた本を持っていく人。
釣りを楽しむために釣り竿を持っていく人。
海に潜るためにダイビングセットを持っていく人。
島を探検するための登山靴を持っていく人。
絵を描くためにキャンバスや画材を持っていく人。
文章を書くためにお気に入りのペンとノートを持っていく人。
人それぞれだと思います。

日常でいくら時間があっても、やらなければならないことに追われたり、逆にとくに何もしないで終わってしまったりすることも多いものです。

「時間がたっぷりあったら何をしたいか？」と聞かれて、もしパッと思いつかないとしたら、「自分が本当にやりたいこと」という心の声に耳を澄ます力が鈍くなっている可能性があります。

そこで、「無人島」という現実から離れた設定によって、今のあなたの心が求めている、自由な時間があったら何がしたいのかがわかるはずです。

サーフィンをする、山歩きをするなどのアクティブなことを考えた人は、身体を動かすことを欲しているかもしれません。

絵を描く、小説を書くといったクリエイティブなことを考えた人は、何かを創作したいという意欲があるのかもしれません。

読書をすると考えた人は、何かインプットすることを欲しているのかもしれません。

レジャーシートを敷いて、寝転びながらゆっくり海や空を眺めていたいという人は、何かをじっくり考えたかったり、自分自身に向き合ったりしたいのかもしれません。

そして、みなさんが想像したことは、ひとりひとり違うと思いますが、共通して言えるのは、その「心からやりたいこと」は無人島に行かなくてもできる、ということです。

人生は一度きり。もしやってみたいことをやれていないのならば、今からはじめてみてはいかがでしょうか。自分の人生は、自分が舵《かじ》を握っているのですから。

#「気づいたら あっという間に 時間がすぎていた」と 思うことベスト3は？

Leisure × Engagement・Flow

気がついたら、あっという間に時間がすぎていた。このような状態をポジティブ心理学では、「エンゲージメント・フロー状態（PERMAの Engagement・Flow）」と言います。日本語だと「没頭する」「集中する」という状態に近いでしょう。

「幸福」「創造性」「主観的な幸福状態」「楽しみ」をテーマに研究を行ったアメリカの心理学者のミハイ・チクセントミハイ博士は、**フロー状態に幸福度を高める要素がある**ことを示しました。

時間を忘れるほど夢中になった「フロー状態」のとき、ドーパミンやセロトニン、エンドルフィンなどの気分を高揚させる神経伝達物質が脳から放出されているそうです。

ドーパミンには、ストレスを軽減させる働きもあるとされます。好きなことに夢中になっているとストレスから解放されますが、それはドーパミンの働きもあるのです。

「気づいたらあっという間に時間がすぎていた」と思うことベスト3が、すぐに頭に浮かんだ人は、フロー状態になる自分の心地よい時間の使い方を知っているということです。それらを意識的に日常に採り入れることで、より満たされた時間をすごすことができるはずです。

「フロー状態」と言うと、特別な人にのみ起こる状態だと思うかもしれません。一流スポーツ選手がゾーンに入った状態などを思い浮かべる人もいるでしょう。しかし、フロー状態は、だれにでも起こる身近なことなのです。

たとえば、運動は、アスリートでなくても、フロー状態に入りやすいもののひとつです。スキーやサーフィン、ボルダリングのように、注意力を必要とするスポーツは、とくにフロー状態に入りやすいことで知られています。

趣味や日常のことでもフロー状態は生まれます。絵を描いたり、楽器を演奏したり、文章を書いたり、パズルやゲームに夢中になったりするなかでも、フロー状態は生まれます。食器洗いや掃除、料理や整理整頓でもフロー状態になる人もいるでしょう。

わたしの場合、朝少し時間に余裕があるときに趣味のガーデニングをしていると、時間がたつのを忘れ、あわてて仕事に出かけることがあります。これもまさにフロー状態かもしれません。

無心になって枝葉を剪定《せんてい》していたり、土をいじったりしているときは、植物の様子や土の感触に意識が集中しているため、マインドフルネスのような感覚に近い状態です。

そうした心地よい時間を日常のなかに組み込むことで、日々の充足感や満足感が得られ、ストレスも軽減されていきます。

フロー状態になるには、ある特徴があります。明確なゴールや目標があることです。ゴールというと大きなことのように感じるかもしれませんが、ガーデニングであれば、今日はこのプランターまでは手入れをしておこうとか、ここまでは草むしりを終えておこうといったものでもよいのです。

また、高い目標ではなく**「少しだけ難易度の高い目標」**を設定するのも有効です。簡単に達成できてしまう目標だと飽きてしまい、難易度が高すぎるとあきらめてしまうためです。少しだけレベルの高い目標を定め、チャレンジする気持ちで取り組むと、自然とフロー状態を楽しめるようになるのです。

自分がふだんしていて「楽しい」と感じていることに、ちょっとした目標を設定してみてください。幸福感に包まれる時間は、身近なところにもきっとあるはずです。

もし宝くじで
1億円当たったら、
だれと、どこで、何をしますか？

Leisure × Relationships

おめでとうございます！　あなたは何気なく買った宝くじに当選して、1億円を手に入れました。さあ、そのお金で何をしますか？


一戸建てやマンションを購入する。

豊かな自然に囲まれた別荘を購入する。

憧れの車を買う。

海外旅行を楽しむ。

高級な料理を思うぞんぶん食べる。

宇宙旅行に行く（実際にかかる金額はさておき）。


どれもワクワクする、すてきなことですね。

ただし、どれにしても、もし自分ひとりきりで楽しむとしたら、どうでしょうか？

気に入った家に住んだとして、ひとりで暮らすのとはまた違う、家族や大切な人と暮らす喜びがあります。海外旅行も、ひとりで行くより（望んで一人旅に行くときは別として）、大切な人とのほうが楽しいはずです。高級な食べ物もだれかと一緒に楽しい話をしながら食べるほうが、よりおいしいでしょう。せっかく宇宙旅行に行くことができても、宇宙からたったひとりで地球を見つめ、その地球の美しさをだれにも語れないとしたら、何かさみしく物足りない気持ちになるのではないでしょうか。

どんなに自由に使えるお金があったとしても、自分のためだけに使うことでは、人は幸せになれません。お金はむしろ、だれかと一緒に使うほうが、幸福度が高まるのです。

このことはハーバード大学ビジネススクールのマーケティングの専門家で、『「幸せをお金で買う」5つの授業』（中経出版）の著者であるマイケル・ノートン博士による実験でも明らかにされています。

ノートン博士は、カナダのバンクーバーで、自分のためにお金を使うグループと他人のためにお金を使うグループを比較して、幸福度の推移を調べました。

まず実験の参加者に、今の幸福度を尋ね、ある封筒を渡します。参加者の半数の封筒には、お金と一緒に「このお金を、夕方5時までに自分のために使ってください」と記されたメモが入っています。もう半数の封筒には、お金と一緒に「このお金を、ほかのだれかのために使ってください」というメモを入れました。

金額は5ドルから20ドルとバラバラです。参加者は指示通りにお金を使いました。そしてその夜、実験の参加者に幸福度を尋ねると、自分のためにお金を使った人と、ほかの人のためにお金を使った人の幸福度には大きな変化は見られませんでした。

しかし、その数日後、1週間後と、幸福度の変化を調べたところ、明らかな違いが生じたのです。自分のためにお金を使った人は時間の経過とともに幸福度は下がっていったものの、ほかの人のためにお金を使った人は金額に関係なく幸福感が維持されていたのです。

ノートン博士は同じ実験を、カナダと比べると貧しいアフリカのウガンダでも行いました。そこでもやはり、ほかの人のためにお金を使ったグループのほうが、幸福感が長く続いていたのです。これらのことからも、「お金では幸せは買えない」と思っているのなら、それは使い方が間違っているということがわかるはずです。

ノートン博士は「TED Talks」で、実験を総括して次のように述べています。

「これを買えば幸せになれる！　この商品では幸せになれない！　ということではありません。それをだれのために買うのか、ということが大切なのです。たった少しのお金でもいいのです。そのお金でだれのために何ができるか、考えてみてください。きっとそのお金以上に得られるものがあるはずです」

自分のためにお金を使っても、必ずしも幸福になれるわけではないのです。むしろほかの人のためにお金を使うほうが、幸福度は高くなり、その幸せが長く続くのです。

幸せはお金では買えないと言いますが、だれかのために「利他的に」使うなど、使い方しだいで、幸せはお金で買うこともできるともノートン博士は言っています。

これは、お金にかぎったことではありません。ポジティブ心理学では、**自分の労力や時間などをほかの人のために使ったり、ほかの人の幸せを考える姿勢が、長期的に高い満足度をもたらす**とされています。

こうしたことからも、**「お金があって使えるから幸せなのではなく、お金を一緒に使える人がいるから（もしくは、お金を使いたいと思える人がいるから）幸せ」**なのだと、わたしは思っています。

あなたができることで、
だれかが喜んで
くれそうなことは
ありますか？

Leisure×Meaning

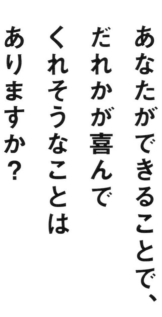

第2章で、ポジティブ心理学における「人の普遍的な強み（キャラクター・ストレングス）」について紹介しました。それらは、次にあげる6つの領域からなる24の「強み」です。

◇**知識・知恵**＝創造性・好奇心・向上心・知的柔軟性・大局観
◇**勇気**＝誠実さ・勇敢さ・忍耐力・熱意
◇**人間性**＝親切心・愛する力（愛される力）・社会的知性
◇**正義**＝公平さ・リーダーシップ・チームワーク
◇**節制**＝寛容さ・謙虚さ・思慮深さ・自律心
◇**超越性**＝審美眼・感謝・希望・ユーモア・スピリチュアリティ（精神性）

「あなたの強みは、なんですか？」と聞かれて、自信をもって答えられる人のほうが少ないかもしれません。「強み」は、たとえほかの人から見れば明らかなことであっても、なかなか自覚できていないものです。

「強み」を知るために、ワークシートを使って自己分析をしたり、コーチングを受けたりして気づきを得る方法もあります。

ポジティブ心理学では、先述した「ＶＩＡ－ＩＳ」診断によって、質問を読んで、答えを選択していくなかで、自分の「強み」を知ることができます。

自分自身の「強み」を自覚し、それを発揮しながら生きていくことは、ポジティブ心理学ではウェルビーイングな生き方を構成する大切な要素のひとつとしています。

一方、この「ＶＩＡ－ＩＳ」診断では、「弱み」は抽出されません。あくまでも、「強み」を発揮し、人によい影響を与え、幸福を感じる機会を増やしていくことが、ウェルビーイングな生き方につながると考えられているのです。

また、「強み」は、必ずしも固定されたひとつのことだけでなく、そのときどきの状況に応じて発揮されます。

たとえば、転機を迎えていたり、つらい状況に遭ったりしたとき、その局面を突破するために発揮される「強み」もまた日常とは異なることもあります。

わたしの場合、会社の立て直しという局面においては、「忍耐力」「愛情」「親切心」

という「強み」が診断であがってきました。

この結果を見て、わたしは「忍耐力が『強み』なんだから、絶対に乗り越えられる。がんばろう」と自分に言い聞かせ、それが「強み」だと思ったことが自分の支えにもなっていました。

会社が軌道に乗り、ある程度安定してきた局面では、「愛情」「親切心」「感謝」という「強み」があがってきました。そのときには、家族や友人、会社の仲間への感謝をより意識し、彼らをもっと幸せにしていきたいという気持ちを再認識しました。

そのときどきの自分の「強み」を自覚することで、突破する力にもなり、幸せを強める力にもなるのです。

「強み」が発揮されることで、周りの人も喜んでくれるでしょう。そうやってだれかが喜んでくれると、あなた自身のエネルギーにもなるはずです。

ほかの人が
目に入らないくらい
達成感でいっぱいに
なったことはありますか？

Leisure × Achievement

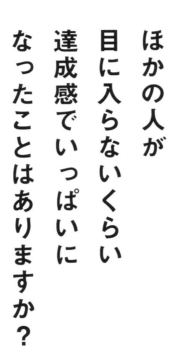

これまでの人生を振り返ってみて、おそらく自分だけしか知らないであろう「よくやった！」と達成感を覚えるのは、どのようなときですか？

質問で「ほかの人が目に入らないくらい」としたのは、他者の評価ではなく、自分自身の評価による達成感についてだからです。

テストでいい点を取ったとき、試験に合格したとき、表彰されたとき、昇進や昇格したときなどのように、他者と比べるようなことではなく、自分自身が満ち足りた気持ちになることならば、どんなことでもかまいません。

わたしは、たいてい1～2週間に一度のペースで、近所にあるスーパーマーケットにひとりで買い物に出かけます。

一気にまとめて買うので、カートの上と下に載せた2つのかごは、必ず山盛りになります。

大変なのは、それを袋に詰めて家まで持ち帰り、片づけるまでです。なんとか家に着いて、「これは子どもたちがきっと喜ぶだろうな」とか「こういうときに使おう」と想像しながら冷蔵庫や戸棚にしまい、すべてが収まりきったとき、買い物から見事に全部しまいきれた一連の行動に、なんとも言えない達成感と爽快感を感じるのです。

きっと、スーパーで両手に大荷物を抱えて運んでいるわたしの姿を見た人は「ひとりで大変そう」と思うかもしれませんが、まさか、わたしが喜びを感じているプロセスなどとは想像もつかないでしょう。

しかし、わたしにとっては、この瞬間はおそらく自分だけにしかわからない達成感があるのです。

◆　◆　◆

「承認欲求」などのように、だれかに認められたい気持ちがある一方で、わたしたちはだれかが見ていなくても、自分ひとりだけで晴れ晴れとした気分になるというときもあるはずです。

それは、**「自分だけの幸せポイント」**と言えるかもしれません。あなたが日常で、自分だけが知っている達成感を感じ、満ち足りた気分になれる瞬間とは、どのようなときなのか、ここで少し振り返ってみてください。

料理が好きな人なら、前からつくってみたかったレシピに挑戦して、イメージ通りに上手につくれたとき。

写真が好きな人なら、夕暮れの絶好の瞬間をカメラに収められたとき。

車が好きな人なら、愛車を洗車して、ピカピカに磨きあげたとき。

珈琲が好きな人なら、豆から選んで、とてもおいしい珈琲を淹《い》れられたとき。

ガーデニングが好きな人なら、季節の変わり目にぴったりの花を植え替えられたとき。

ジョギングが好きな人なら、景色を楽しみながら理想のペースで走り切れたとき。

家電が好きな人なら、いろいろ調べて一番納得のいく商品を買うことができたとき。

ほかにも、旅行に行って、移動のタイミングもバッチリでプランした通りに観光することができたとき。

ずっと読みたかった漫画のシリーズ作品を読破できたとき。

どれもが、きっとその人だからこその「やった！」と達成感に満たされた瞬間です。

これは、だれかと比較するものではなく、だれかに評価されるものでもありません。「自分だけの幸せポイント」に夢中になって取り組んで得られた達成感なのです。

もちろん、世の中的に認められることは、誇らしい気持ちになるでしょう。だれかと一緒に何かを成し遂げることで得られる喜びも、とても大切です。

しかし、ここでは「自分だけの幸せポイント」に目を向けてみてください。

だれかに言われたことではなく、あなた自身が見つけた達成感。それはあなたの生きる原動力のコアな部分と言えます。そして、それが自分自身で歩き出す力にもなるのです。

第 5 章

~Learning×PERMA~

自己成長で「やり残したことはない」と思える人生にする

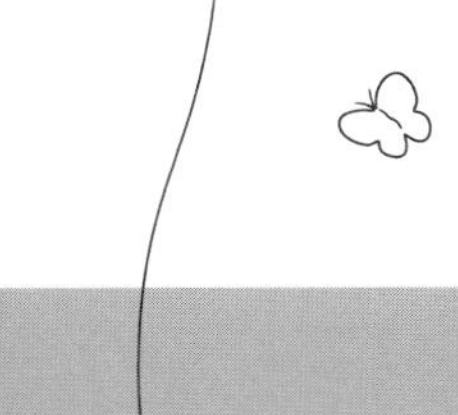

今でも気になる、
あきらめたこと、
投げ出してしまったことは
ありますか?

Learning×Positive Emotions

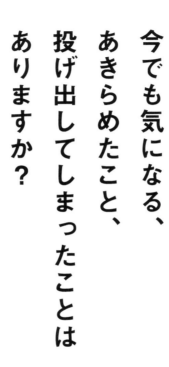

これまでの人生で、途中であきらめてしまったこと、投げ出してしまったことは、だれもがひとつやふたつくらいあるのではないでしょうか。

日記やブログを書こうとはじめたものの、ちょっとしか続かなかった。ダイエットを挫折してしまった。新年を迎えて、今年はこれに挑戦しようと思っていたのに、何か月かすぎたころには、忙しさからすっかり頭の片隅に追いやられていた——というような日常にある、あきらめてしまったエピソード。

「人生」という長いスパンの時間軸で見ると、小さいころからめざしていたあこがれの仕事があったけれど、現実を知るにつれて、志半ばで断念して違う道を選んだ。ずっと好きだったけれど、結局、心の内を打ち明けられないままに……といったことも。

あきらめてしまったこととの受けとめ方は、人によってさまざまですが、もう心の中に引っかかっていないならば、それは、人生でやり残したことにはならないはずです。

けれども、もし今でも気になっていたり、引きずってしまっていたりするならば、あらためて向き合ってみてほしいのです。

◆　◆　◆

ここで、まず「あきらめ」という感情について、向き合ってみましょう。

ポジティブ感情と対になっているものに「あきらめ」や「悲しみ」「不安」といったネガティブ感情がありますが、その苦しい感情を味わうことも、また生きている実感を得られているのです。

ポジティブ心理学では、「or」ではなく「and」というとらえ方をとても大切にしています。森羅万象、すべてのものは、この「and」によってバランスがとられています。**ポジティブ感情だけでなく、ネガティブ感情もふくめて、あなたの人生なのです。**つまり、あきらめきれずに気になっていたり、引きずってしまっていたりすることも、あなたをかたちづくってきた一部なのです。

ネガティブ感情をいっさい感じず、ポジティブ感情だけで生きていくというのは現実的ではありません。では、このネガティブ感情とどう向き合っていくかですが、抑圧したり無視をしたりしないでください。拒絶するほどに、その感情は強く大きくなっていきます。

心理学でよく知られている実験結果で、「ピンクの象を想像しないでください」と言われ、頭の中で考えないようにすればするほど、ピンクの象は鮮やかになっていくというものがあります。

感情も同じです。何かを拒絶すると、それは心や頭の中でより大きな存在となり、悲しみや怒り、不安や恐怖といったネガティブ感情も増幅させてしまうことになります。

もし、過去にあきらめたり、投げ出してしまったりしたことが、今も心の中にあるならば、それを否定するのではなく、ときがたった今、俯瞰して受けとめてみてください。

◆
◆
◆

わたしは幼いころ、アレルギー性喘息《ぜんそく》のため、よく病院に通っていました。お医者様に会うと、とても安心したあの感覚は忘れられません。その影響もあってか、将来は医者になりたいと思っていました。

しかし、高校2年生のときに文系に進んだことで、結果的にその夢はあきらめることになりました。

わたしにとって医者になれなかったことは、実現しなかった人生の選択のひとつです。今でも、そのあこがれていた感覚を思い出すことはありますが、あのころの夢とは異なる道を歩んだからこそ、今の人生で得られた幸せがあるとも思っています。

それは、杉村太郎に出会ったこと、自分の子どもたちに出会えたこと、それだけでなく、これまで出会ってきた大切な人たちや経験など……そのすべてが、今のわたしの幸せの源泉となっているのです。

たとえば、同じ山でも、下から見るのと、頂上から見るのと、または違う山から見るのとでは景色が変わります。人生も同じ事実でも、とらえるタイミングや角度によって見え方や感じ方も変わります。

あきらめたり、投げ出してしまったりしたことも、とらえ方しだいでは、違う選択をするきっかけのひとつになった——このように考えてみると、今の人生で見すごしかねない、新たな幸せに気づくかもしれません。

◆◆◆

『不思議の国のアリス』の作者であるルイス・キャロルは、次の言葉を残しています。

「どんなことにも教訓はある。君がそれを見つけられるかどうかだ」

あきらめたことを単に「失敗」とするか、選択を変える「きっかけ」であったととらえるか。わたしたちは、心の持ち方ひとつで、起こる出来事の意味をも変えられるのです。

あなたが
「人生でもっとも時間を
使ったこと」は
何ですか？

Learning × Engagement・Flow

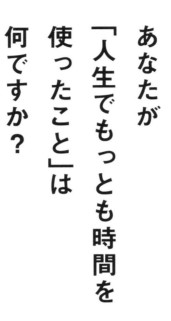

今回は、いきなり結論からお伝えします。あなたが「人生でもっとも時間を使ったこと」は、あなたの「強み」になりえる可能性があります。

まず、人生でもっとも時間を使っているのは「習慣的な行動」であるということを、知っていましたか？

デューク大学の研究で「人間はどれくらい習慣的な行動に支配されているのか」が明らかになっています。わたしたちは、人生の30％程度は寝る時間に費やし、40％程度を「習慣的な行動」が占めているそうです。

わたしたち人類の脳は、生き残るために大きな変化には抵抗し、小さな変化を受容するようにできている、と言われています。

この特徴を生かして、よりよく生きるべく、この40％にフォーカスして、日常の小さな習慣から変えていくのです。

それでは、どのように習慣化していけばいいのでしょうか。ここで、「習慣」にまつわるひとつのエピソードを紹介します。

我究館の館長であった杉村太郎は、世界に通用するリーダーを育成するなかで、自らがまずグローバルなリーダーたるべきだと思い、ハーバード大学ケネディ行政大学院（ケネディスクール）への留学を志しました（この話自体は以前しましたね）。

ただ、会社を経営しながら英語の学習をして結果を出すのは簡単なことではありません。太郎は英語力を高めるべく、いくつものスクールに通っていましたが、描いたような結果は出ないまま時間ばかりがすぎていきました。

そこで背水の陣として考えついたのが、「学習×習慣化」大作戦です。

「作戦」というと、なんだか大それた感じがしますが、見切り発車をして渡米し、仕事から離れ、英語に触れることができる環境に身を置くことにしたのです。その意図としては、スポーツのトレーニングのように英語学習を自らに課し習慣化するというものです。

わたしたちは7月下旬に渡米し、生活基盤を整えて間もない8月中旬頃から、太郎はスポーツの筋トレにヒントを得た学習方法をトレーニングのようにプログラム化し、試しはじめました。たとえば、コインランドリーにいるときはこれ、移動するときはこれ、昼ご飯を食べるときはこれ、洗濯物を畳むときはこれ、と日々の生活のなかに英語の学習を組み込んだのです。

その結果、数週間で完全に習慣化され、3か月後には、あれほど苦労していた英語力が飛躍的に向上し、ケネディスクールにも合格することができたのです。

習慣化による学習方法の効果は、英語から長い期間離れ、勉強を開始してもスコアがなかなか伸びずに悩んでいた太郎自身が立証したことで、2001年に日本ではじめての英語コーチングスクール「プレゼンス」を立ち上げ、そこでもメソッドとして生かされています。その「プレゼンス」は今では創業から20年以上がたち、30000人を超える方の英語学習の成果にもつながっています。

◆
◆
◆

心理学の分野でも習慣化の研究は進んでいて、ロンドン大学の健康心理学者の実験では、「新しくはじめる物事が習慣化されるまでに要する期間は、早い人で数週間、平均66日必要である」と言われています。

さらに、ヴィクトリア大学の調査では、「スポーツジムに入会した人のうち、継続できた人と継続できなかった人を追跡調査したところ、週4回以上の習慣が、定着に必要である」と検証されています。

習慣化されたことが「強み」になっていくと、人生はより生き生きと輝きを増していくでしょう。「強み」を発揮することで、人はワクワクした感覚に包まれます。

そのようなポジティブ感情があふれる状態では、生産性が30％向上し、創造性も300％アップすることがポジティブ心理学の研究で証明されています。

自分自身の「強み」を実感し、発揮していくためにも、大きな挑戦だけでなく、何気ない日常のなかに小さな習慣を組み込んでみてください。

中には、「自分の強みがわからない」という方もいるかもしれません。しかし、「強み」とは、そんなに難しく考えることはありません。

「強み」は、他人と比較するものではなく、自分の中にあるポジティブな傾向と言えます。

「強み」は、あなたが「楽しい」と思うことの中にあるはずです。得意なことや、強い興味や関心を持っていることに集中しているとき、発揮されているものです。

「会いたいけれど
音信不通になっている人」
はいますか？

Learning × Relationships

わたしたちは、年齢を重ねるごとにたくさんの出会いと別れを繰り返しながら生きています。

ただ、あわただしく日常生活を送るなか、これまでの多くの出会いは心の奥にしまい込まれたままになっていて、すぐには思い出せない状態になっている人たちもいるでしょう。

そして、これまで出会った人たちの中には、気づいたら音信不通になってしまっている人たちも少なくないのではないでしょうか。

「会いたいけれど、音信不通になっている人」と聞かれて、ふだんの生活で会うことはないけれども、人生という長いスパンで見てみると、とても重要な人が思い浮かんだかもしれません。

学生時代の友人かもしれませんし、昔お世話になった先生や上司かもしれません。

身近な人への心配りも、もちろん大事なことですが、今、必ずしもすぐに連絡を取る必要はないけれど大切に思っている人たちの顔が思い浮かんだならば、その想いも心の中で表現してみてほしいのです。

懐かしさとともに何らかの感情が湧きあがってきたならば、その人との思い出とともに、そのときの気持ちも心の奥から取り出してみてください。

そのように想いを馳せているとき、自分の人生のアルバムをめくりながら、しばし現実の時間から離れた、あなただけの特別な時間が流れているはずです。

◆
◆
◆

先日、スマートフォンを買い替えたときのことです。

これまで撮りためてきた写真を整理しながら想いにふけっていました。楽しいひときを切り取った数々の写真には、心の支えとなっている友人や、会社を一緒に支えてきてくれた同志をはじめ、わたしにとって大切な人たちの顔がたくさん写っていました。

ふだんは、これまで撮ってきた写真を振り返って見る機会などなかなかないので、これもスマホを買い替えたことがくれた素敵なきっかけです。

写真の中のたくさんの笑顔を見ていて、「こんなにたくさんの人たちに支えてもらってきたんだ」「こんなに多くの人たちと関わりが持てて幸せだなあ……」と感じました。

今は、なかなか会う機会はないけれど、もしまた会うことができたら、「ありがとう」と伝えたいと思いながら写真を眺めていました。そのとき、心がとても温かくなっている感覚だったことを覚えています。

◆◆◆

ディズニー映画『リメンバー・ミー』のリー・アンクリッチ監督は、インタビューで「人が本当に死ぬのは忘れられた時」と話していますが、その人の存在を思い出すことで、その人との出来事や、その人に対する感謝をはじめ感情もよみがえるのです。

たとえ今は会うことができない人であっても、あなたが心の中で思い出すことで、その人はあなたの心の中で生き続けるのです。

どうかあなたの心の中に住んでいるけれど、しばらく思い出すことのなかった人を思い出してみてください。

「自分の年表」をつくるとしたら、絶対に欠かせない3つの出来事は何ですか？

Learning×Meaning

これまで、自分の人生を振り返ったことはありますか？

これから、自分が生まれてから現在に至るまでのことを、少し振り返ってみてくださ
さい。

幼少期、学生生活、そして社会に出てからの日々を思い出してみると、登り坂、下り坂、そして突然やってくる、まさかの坂と、いろいろあったかもしれません。

その中で、とくに記憶に残っているのは、どのようなことですか？　あなたにもっとも影響を与えた3つの出来事とは、どんなことでしょう？

まず、その3つの出来事とは、プラスの出来事ですか？　それともマイナスの出来事でしょうか？

そう聞いたものの、じつはその出来事がプラスかマイナスかはそれほど意味はありません。大事なのは、その出来事から、あなたが何を学び、何を得たのかということです。

ポジティブ心理学では、**「グロース・マインドセット（自分が持っている能力や才能は経験によって成長できるという考え方）」**で生きていくことの大切さを説いています。

スタンフォード大学心理学部のキャロル・ドゥエック教授は、20年以上の研究から、

マインドセットは2種類あるとしています。

ひとつ目は、持って生まれた能力は変化させることはできないととらえる「フィックスト・マインドセット（硬直型マインドセット）」。

もうひとつは、努力によって知能や能力を成長させることができるととらえる「グロース・マインドセット」です。そして、多くの成功している人たちには「グロース・マインドセット」の傾向が強いこともわかっています。

何か出来事に遭遇したとき、どちらのマインドセットでとらえているかが重要になり、これは過去の出来事に対しても、同じことが言えます。

つまり、過去に起こった人生の出来事を「グロース・マインドセット」でとらえることで、よりポジティブな解釈を与えていくことができるのです。

3つの出来事が、あなたに何をもたらしたのか、今の自分にどのようにつながっているのかを、この機会にあらためてとらえ直してみてください。

◆
◆
◆

わたし自身は３つの出来事に、就職活動、杉村太郎の闘病と死、そして会社を継ぐ覚悟をしたことをあげました。

就職活動では、テレビ局のアナウンサー試験に落ちたことから、自分で狭めていた視野を大きく広げることにつながりました。

太郎ががんになったことで、だれかを支える立場から、だれかを守るという生き方に変わりました。太郎の闘病をそばで支えるなかで、「生きる」ということがいかにかけがえのないことなのかも感じました。

会社を背負うことなど想像もしていなかったわたしが、会社を継ぐ覚悟をしたことで、すべての責任を背負うということの意味を知りました。

今ではそのようにとらえていますが、この３つの出来事に直面していた当時は、どれも苦境であり、試練であり、「マイナス」の出来事だと、とらえていました。

けれども、あとから人生を俯瞰して、あらためて「グロース・マインドセット」でとらえてみると、この３つの出来事は、どれも自分自身の大きな成長の機会となったことに気づきました。

◆ ◆ ◆

ここでみなさんが自分の人生の年表から選んだ3つの出来事に向き合うにあたって、意識していただきたい大切なポイントがあります。

◇点ではなく、俯瞰してその後の人生とどう結び付いているかを意識する
◇自分なりに、その出来事から学び、得られたことは何かを言葉にする
◇それらを「グロース・マインドセット」で、成長の機会としてとらえ、解釈してみる

このように見てみると、「出来事」というのは、急に天から降ってくるものではなく、点と点がつながっていることがわかると思います。そして、ある出来事から、自分で考え、行動することで、新たな道が生まれているはずです。

人は、思考し、行動し、出来事を経験し、人生を積み重ねています。その起点となるのは「思考」です。

マザー・テレサは、次のような言葉を残しています。

思考に気をつけなさい、
それはいつか言葉になるから。
言葉に気をつけなさい、
それはいつか行動になるから。
行動に気をつけなさい、
それはいつか習慣になるから。
習慣に気をつけなさい、
それはいつか性格になるから。
性格に気をつけなさい、
それはいつか運命になるから。

すべては「思考」からはじまるからこそ、「思考」が変わることで未来が変わっていきます。

さらに、思考して、行動して、経験した「出来事」も、とらえ方でその解釈も変わっていくのです。

◆
◆
◆

人生には、自分ではコントロールできないこともたくさんあります。しかし、どのようなマインドセットで生きていくのかは、まさに今、自分で決められることではないでしょうか。

「自分なりによくやった」
と思えることベスト1は？

Learning × Achievement

この質問を通して、わたしがいちばんお伝えしたいのは、あなたがここまで一生懸命に生きてきたこと、それ自体が「よくやった」ということです。

人生は、すべてが思い通りにいくわけではありません。だからこそ、まずはここまでがんばってきた自分を認め、褒めてほしいのです。

これまで、数々の挑戦をし、困難も乗り越えてこられたことでしょう。
仕事でプロジェクトを任され、周りの人に協力してもらいながら全力で臨んだこと。仕事が終わったら、急いで保育園に迎えに行く毎日のなか、子育てと仕事を両立してきたこと。子どもが熱を出して、急いで夜間診療に駆け込んだこと。病気になった家族を励まし看病してきたこと。親を一生懸命に介護してきたこと。

などをはじめ、もしかして自分では人に語るようなことではないと思っているかもしれませんが、あなたがいることで、「よりよく」なっていることはたくさんあるはずです。

もっと言えば、あなたの存在そのものが、人に幸せを与えているのです。これは、わたしが娘や息子を見ていて、とりわけ思うことでもあります。

息子はまだ小学生なので、なんだかんだ言ってもまだ手がかかります。日常においても、あれこれ言ってしまいがちです。

しかし、たとえば息子が泊まりで林間学校に行ったときなど、家でひとりでボーっとしていると、いつもあたりまえのように座っていたイスに姿が見えないだけで、なんだか家の中がやたらと静かに感じます。

そのうち寂しさが芽を出し、その存在の愛しさと有難さを感じるわけです。「いてくれるだけで」どんなに幸せなのかと思うのです。

これは、わたしの日常のふとした1ページを切り取ったにすぎないものかもしれませんが、だれもがだれかの子どもであり、とくに親である人はきっと、わが子に対して「いてくれるだけで幸せ」という感情を根底に抱いているのではないでしょうか。

もちろん、これは親子関係にかぎるわけではなく、まわりに「あの人がいるだけで、うれしい、楽しい」という人がいるかもしれません。

◆◆◆

無邪気に遊んでいた子ども時代をすぎ、思春期くらいから「なぜ、自分は生きているのか？」「なぜ、人は生きるのか？」などと「生きる意味」という少し哲学的なことを考えるようになるものです。

おそらく、多くの人がそうだと思うのですが、大人になると、日々のあわただしさで、「生きる意味」など考える暇もなく、とにかく毎日を走り切ることに必死です。

でも、大人になって、それなりの艱難辛苦《かんなんしんく》を経験して、あらためて「生きる意味」について考えてみると、**「生きていること」**、それ自体に意味があると思うのです。

少し長めの「おわりに」

Life × PERMA

ここまで、「4つのL」と「PERMA」をかけ合わせた多くの質問を投げかけてきました。

ふと立ち止まってみて、本当のあなたはどのような人で、これまでどんな経験をしてきて、どんなところに幸せを感じるか、ということに気づいていただくためです。

そして、この本のタイトルにもある**「やり残したことはない」**というキーワードに、この本で一貫してお伝えしているのは**「後悔のない幸せな人生」**です。

では、**「幸せ」**と聞いて、今、あなたはどのような状態を思い浮かべるでしょうか？

おそらく人によって、さまざまだと思います。ちょっと考えてみるだけでも、家族と一緒に仲よくすごすこと、お金持ちになること、事業で成功すること、夢がかなうことなど、いろいろな幸せのかたちがあるでしょう。

そこで、この本では「幸せ」について、「ウェルビーイング」という心理学の考え方をもとにお伝えしてきました。

最近では「ウェルビーイング」に、働き方改革や健康経営、ウェルネス経営といった枠組みや、ESG投資（Environment・Social・Governance/環境・社会・ガバナンス）といった時代の流れが加わり、世界で注目が集まっています。

ただ、わたしが「ウェルビーイング」を人生のテーマとして研究しようと思ったのは、このような世の中的な流れからではなく、今から約11年前、37歳のときに夫と死に別れたことがきっかけでした。


本書の中でも何度もお伝えしてきたように、夫である杉村太郎はキャリアデザインの分野で第一人者と言われる人でしたが、47歳という志半ばでこの世を去りました。

彼は「最後の細胞ひとつになったとしても、心臓が動き続ける限りは生き続ける」と親友に言い残すほどに、生きることに強い想いを持っていました。

これも何度か触れていますが、彼が死の間際に「やりたいことは次々と出てきてきりがないけれど……、うん。やり残したことはない」と、まるで自分に言い聞かせるようにつぶやいたその言葉は、わたしの心に深く刻まれました。

わたしは、その言葉を聞いた直後は、人生のパートナーとして、彼がそう思えたことに「よかった」と思えました。

ただ、彼の死から時間が経過するほど、「どう考えても、まだまだやりたかったことはたくさんあったはずなのに、なぜ、そのように言い切ることができたのだろうか？」と疑問に思うようになりました。

その疑問をさらに掘り下げると、「やりたいことは次々と出てきてきりがない」という言葉と「やり残したことはない」という言葉に矛盾があると感じたのです。

「やりたいことは次々と出てきてきりがない」という言葉からは、死ぬことなどまったく意識せずに生きる希望にあふれ、今をワクワクしながら生きていることが感じ取れます。

一方で、「やり残したことはない」という言葉には、死を意識し、やりたかったことはすべてやり切れたので後悔はない、と言っているように感じたのです。

そんな彼の残した言葉に対する疑問を携えながら、キャリア理論や心理学を学ぶ過程で出会ったのが、この本の根幹ともなっている「4つのL」と「PERMA」でした。

まずわたしは、幸せを構成する「4つのL」を知ったとき、とても納得したのです。

というのも、彼は仕事を愛していて、病気になる前は、家に帰ってきてもソファでずっと仕事のことを考えていて、四六時中、仕事をしているような人間でした。


本文でも触れましたが、事業を軌道に乗せようと注力していた彼は、ある日「海に行きたい……」とつぶやきながらも、その気持ちをおさえて仕事に向き合っていました。

しかし、その後、がんを告知されたときに、彼はこう言ったのです。

「あのときに海に行っていたら、病気にならなかったかもしれない……」

もちろん、海に行っていたら、がんにならなかったかどうかはわかりませんが、それほどに、彼は仕事を中心とした生活を送り、ストレスから解き放たれる時間を持たなかったことに後悔があったのだと思います。


それからの彼は、「4つのL」で言う「Love（家族や友人たちとの時間）」「Leisure（余暇)」「Learning(学び・自己成長)」を意識的に充実させていきました。

睡眠を十分にとるようになり、昔からの趣味であった海でのスポーツも再びはじめました。ピアノ教室に通いはじめ、イーグルスの『デスペラード』を弾き語りできるようになることを目標にして懸命にピアノの鍵盤に向き合って練習をしていました。どうしても行ってみたかったという中南米に一人旅にも出かけました。

彼は病気の治療をしながらも、仕事以外の時間を味わうようになり、1日1日を大切に生きるようになっていきました。ただ、幸せだったかと言えば、まだ満たされてはいなかったと思います。

というのも、がんの治療を終えて退院をしたあるときのことです。

テレビでメジャーリーグの試合を見ていた彼が、日本人の選手の活躍にため息をついていました。

わたしが「どうしたの?」と尋ねると、「僕も、世界で活躍したかった……」と力ない声で言うのです。

じつは、ちょうど彼にハーバード大学のウェザーヘッド国際問題研究所から客員研究員のオファーがきていたのですが、病気を理由にあきらめていました。そのことに、それとなく気づいたわたしは、「挑戦したらいいじゃない」と彼に伝えました。

すると、彼は「いいの？」と言い、その言葉を聞いたときのあの目の輝きは今も忘れられません。

彼は病気の治療を受けながらも渡米して、研究員に就任しました。日本とアメリカという2つの国を拠点として学び続ける姿は、とても生き生きとしていました。

そして、亡くなる数日前に、人生を振り返るようにこう言いました。

「留学に行って本当によかった。それは、同じ夢を志す仲間とも出会えたから」

その直後、彼はあの言葉を残したのです。

「やりたいことは次々と出てきてきりがないけれど……、うん。やり残したことはない」

これは、キャリア理論や心理学を学んで振り返って今思うことですが、亡くなる直前の彼は、決して長くはない人生ながらも「4つのL」が「PERMA」の感情で満たされていたのだろうと。

だから、「今この瞬間に自分ができることはやったから、やり残したことはない」と思えたのだと。

そしてわたし自身、この本を書きながら、「やりたいことは次々と出てきてきりがないけれど……、うん。やり残したことはない」という言葉の真意でもあり深意は、「やりたいことを数え上げればきりはないけれど、今この瞬間に、今の自分にできることはやった」ということなのではないかと思うのです。

そう考えると、**「今、自分ができることを精一杯やる」**。その連続が後悔しない人生になるのかもしれません。

◆
◆
◆

わたしの手もとには、ある1枚の大切な写真があります。

その写真には、7人の笑顔が写っています。夫である杉村太郎、太郎の両親、私の両親、そしてわたしが幼い娘を幸せそうに抱いて写っています。

この写真に写っている場面は、そのときのわたしにとっては、あたりまえのように続くと思っていました。

しかし、この中の4人はすでにこの世を去り、二度と会うことはできません。あたりまえのようにある「今」が、あたりまえではないと、この写真を見るたびに思うのです。

わたしのライフスタイルは、夫を亡くした直後から大きく変わり、シングルマザーとしての日常がはじまりました。

当時2歳だった息子を自転車の後部座席に乗せ、毎朝30分かけて必死にペダルをこいで保育園に送り迎えをしていました。

自転車の風よけのカバーをかけて、「出発！」とわたしが言うと、「しんこー！」と息子の小さな声が聞こえます。それを合図にわたしは自転車をこぎはじめます。

白い息を吐きながら坂道の多い道を進むなか、「寒くない？」「大丈夫？」と声をかけると、「だいじょーぶー」と小さな声が聞こえてきます。

はたから見れば、なりふりかまわず必死にペダルをこぐわたしの姿は、大変そうに映っているかもしれません。

しかし、わたしは、とても幸せでした。夫という大きな存在を失い、不安や悲しみといった情動を抱えてはいましたが、毎日、息子とサイクリングをしながら、ほんのささいな会話ができていることに。

あの夢中で自転車をこいでいた時間、わたしは素の自分に向き合うことができ、自分の大切なことに気づけるひとときでもありました。

「幸せ」とは、あたり前のようにすぎていく日常のなかにあること。さらに言えば、**あたりまえのようにあること自体、じつはあたりまえでないことに気づけること。それが「幸せ」なのだと、**わたしは今思っています。

◆　◆　◆

最後に、この本を書くに際し、わたしの想いを理解し、ひとりでも多くの方にその想いをお伝えできるよう、本にするお力をお貸しくださいました、日本実業出版社の川上聡編集長、そして導いてくださったブックオリティの高橋朋宏先生、平城好誠《よしのぶ》先生。また、ジャパンビジネスラボ（ＪＢＬ）でわたしを支えてくださっている馬場成実さん、我究館の藤本健司館長、我究館、プレゼンス、ＪＢＬファミリーのみなさんとＯＢ・ＯＧのみなさま。ウェルビーイング・アカデミアで私を支えてくださっている梶原佐奈美さん、安藤ゆかりさん、宮本恭一さん。パスメイクホールディングスの宇坂純さんをはじめとしたみなさま。ケネディスクールのみなさま。エピソードでもご紹介させていただきました、佐々木圭一さん、吉田和生さん、井上達哉さん。本の帯に素晴らしい言葉を寄せてくださった水野敬也さん。いつも相談に乗ってくださっている東京農工大学の松本武准教授。わたしの人生を支え、ともに歩んでくださったすべてのみなさまに感謝を申し上げます。

「ウェルビーイングとは何か」を教えてくださった、マーティン・セリグマン博士、タル・ベン・シャハー博士、サニー・ハンセン博士、そしてエド・ディーナー博士に心から感謝を申し上げます。

いつもそばで支えてくれている大切な家族である杉村愛莉《めりい》と杉村楽《がく》、母の福田裕子、いつも大きな愛と気づきを与えてくれた今は亡き父、福田弘と、17年の波乱万丈だった年月を寄り添ってくれた愛犬の〝くん〟に感謝いたします。わたしに、これまでもこれからも幸せな人生を与えてくれた杉村太郎に、感謝と心からの愛を捧げます。

この本を手に取ってくださったすべてのみなさまが、おひとりおひとりの「四つ葉のクローバー」を大切に育てていってくださることを願っています。「今」という瞬間を満たしながら生きていくことで、たとえ明日終わったとしても、「うん。やり残したことはない」と、最期のときまで幸せを感じられる人生を謳歌してくださることを心から願っています。

2023年3月9日（感謝の日にて）

杉村貴子

参考文献

『死ぬときに後悔しない方法』セネカ 著/ジェイムズ・ロズ 編/天瀬いちか 訳/文響社
『絶対内定』杉村太郎/ダイヤモンド社
『ハーバードの人生を変える授業』タル・ベン・シャハー 著/成瀬まゆみ 訳/大和書房
『ポジティブ心理学の挑戦』マーティン・セリグマン 著/宇野カオリ 監訳/ディスカヴァー・トゥエンティワン
『キャリア開発と統合的ライフ・プランニング』サニー・S・ハンセン 著/平木典子、今野能志、平和俊、横山哲夫 監訳/乙須敏紀 訳/福村出版
『アツイ コトバ』杉村太郎/KADOKAWA ※電子書籍版・ダイヤモンド社
『幸福優位7つの法則』ショーン・エイカー 著/高橋由紀子 訳/徳間書店
『死ぬ瞬間の5つの後悔』ブロニー・ウェア著/仁木めぐみ 訳/新潮社
『幸せがずっと続く12の行動習慣』ソニア・リュボミアスキー 著/渡辺誠 監修/金井真弓 訳/日本実業出版社
『定年後』楠木新/中央公論新社
『「今、ここ」に意識を集中する練習』ジャン・チョーズン・ベイズ 著/石川善樹 監修/高橋由紀子 訳/日本実業出版社
『フロー体験入門』ミハイ・チクセントミハイ 著/大森弘 訳/世界思想社
『「幸せをお金で買う」5つの授業』エリザベス・ダン、マイケル・ノートン 著/古川奈々子 訳/KADOKAWA
『マインド・セット 「やればできる!」の研究』キャロル・ドゥエック 著/今西康子 訳/草思社
『ポジティブな人だけがうまくいく3:1の法則』バーバラ・フレドリクソン 著/植木理恵 監修/高橋由紀子 訳/日本実業出版社
『生き方』稲盛和夫/サンマーク出版
『夢をかなえるゾウ0〜4』水野敬也/文響社

杉村貴子（すぎむら　たかこ）

Well-being Academia代表兼ウェルビーイング・コンサルタント。我究館会長。ジャパンビジネスラボ会長。ポジティブ心理学プラクティショナー認定ワークショップ公式アシスタント＆ファシリテーター。日本ポジティブ心理学協会　会員。国家資格キャリアコンサルタント。青山学院大学経済学部卒業。大学時代、テレビ朝日のお天気キャスターやスポーツリポーターとして活動したのち、1997年に日本航空にCAとして入社。1998年に『絶対内定』の著者であり、ジャパンビジネスラボ／我究館（日本初のキャリアデザインスクール）の創業者・杉村太郎と結婚。2000年に夫のハーバード大学ケネディスクール留学を機に渡米。帰国後、証券アナリスト（ＣＭＡ）としてＢＳ朝日のニュースキャスターを務め、上場企業の経営者100人にインタビューを行い経済誌にも連載を持つ。夫の闘病を機に、大和総研に入社。調査本部にてマーケットリサーチを担当し、同社をアナリストランキング・リサーチ部門で４位から１位に返り咲かせる。その後、企画、新卒採用・人材開発、広報に携わる。杉村太郎没後、2014年よりジャパンビジネスラボの代表取締役に就任。キャリア理論や心理学を学ぶなかで、元全米キャリア学会会長のサニー・Ｓ・ハンセン博士が提唱する「４Ｌ理論」に人生を充実させるヒントを見いだし、2017年に自分らしい生き方を支援するスクール「ワーク・ライフデザイン」を設立。2019年にポジティブ心理学の創設者であるマーティン・セリグマン博士と幸福学研究の権威であるエド・ディーナー博士に師事したのち、Well-being Academiaを起ち上げる。一男一女のワーキングシングルマザー。

たとえ明日《あした》終《お》わったとしても
「やり残《のこ》したことはない」と思《おも》える人生《じんせい》にする

2023年３月10日　初版発行

著　者　杉村貴子

発行者　杉本淳一

発行所　株式会社日本実業出版社　東京都新宿区市谷本村町３−29 〒162-0845
編集部　☎03-3268-5651
営業部　☎03-3268-5161　振　替　00170−1−25349
https://www.njg.co.jp/

印刷・製本／新日本印刷

ISBN 978-4-534-05991-8　Printed in JAPAN